桌上的中藥

杞子

云知 編著 • 張群湘博士 審訂

萬里機構・得利書局出版

餐桌上的中藥
杞子

編者
云知

責任編輯
余紅霞

審訂
張群湘博士

資料搜集
楊晶

攝影
Fanny

烹飪製作
梁綺玲

封面設計
吳明煒

版面設計
黎品先

出版者
萬里機構・得利書局
香港鰂魚涌英皇道1065號東達中心1305室
電話：2564 7511　　傳真：2565 5539
網址：http://www.wanlibk.com

發行者
香港聯合書刊物流有限公司
香港新界大埔汀麗路36號中華商務印刷大廈3字樓
電話：2150 2100　　傳真：2407 3062
電郵：info@suplogistics.com.hk

承印者
中華商務彩色印刷有限公司

出版日期
二〇一〇年九月第一次印刷
二〇一〇年十二月第二次印刷

ISBN 978-962-14-4320-5

享傳奇食材
做健康達人

「藥補不如食補」——食補是歷史悠久的養生觀念，而且是很講究的一門學問。所謂藥食同源，只要能選對食材，不但可以汲取豐富的營養，更能防病抗病；改變不良的飲食習慣，對不少慢性病患者也有裨益。

日常最為天然的中藥，也可以是美味的食材。如果能從自然食材的配搭中找到保健的方法，豈不是平凡生活中的一大樂事？

在物流發達的今天，人們已經可以非常方便地購買到來自世界各地的食材，豐富多元，餐桌上無國界的現象越來越普遍。面對種類多樣、數量龐大的食材，該如何進行選擇呢？

「餐桌上的中藥」系列搜羅當下保健功效顯著、味道佳，且餐桌使用頻率較高的中藥：杞子、百合、淮山、蓮子、桂圓、紅棗、黃芪等，分別編撰成冊，提供給讀者最實用的保健功效常識，推介鑑別真偽優劣的方法、應用、保存和食用宜忌等，重點介紹100 餘款家庭食用方法。

相信在舉家圍坐餐桌、享受美食的過程中，你已不知不覺成為了健康達人。

目錄

食材檔案

枸杞

Gǒu Qǐ

Barbary Wolfberry Fruit / *Fructus Lycii*

別名 枸杞菜、紅珠仔刺、牛右力、狗牙子、狗牙根、狗奶子。

【科目來源】 雙子葉植物藥茄科植物。是茄科枸杞屬（Lycium）多分枝灌木植物，高 0.5~1 米，栽培可達 2 米多。

【藥用部位】 枸杞全身是寶，乾燥成熟的果實稱杞子，乾燥的根皮稱地骨皮，均可入藥，嫩莖、葉可作蔬菜食用。早在明代李時珍在《本草綱目》中就有記載：「春採枸杞葉，名天精草；夏採花，名長生草；秋採子，名枸杞子；冬採根，名地骨皮。」那時，人們對枸杞已不是當作一般藥材利用，而是把它作為珍貴藥材和高級滋補品來對待。

【性味歸經】 杞子性平，味甘，歸肝、腎經；地骨皮性寒、味甘，歸肺、肝、腎經；枸杞葉性涼，味甘、苦，歸肝、脾、腎經。

【功效分類】 補虛藥，補陰藥。

【功效主治】 杞子具有滋補肝腎、益精明目的功效；地骨皮具有涼血除蒸、清肺降火的功效；枸杞葉具有補虛益精、清熱止渴、祛風明目、生津補肝的功效。治肝腎陰虧，腰膝痠軟，頭暈，目眩，目昏多淚，虛勞咳嗽，消渴，遺精。

營養價值

現代醫學研究表明杞子中含有豐富的枸杞多糖、脂肪、蛋白質、游離氨基酸、牛磺酸、甜菜鹼、維他命 B_1、B_2、C、E，特別是類胡蘿蔔素含量很高。

鮮杞子果實的營養活性成分	所佔比例（%）
蛋白質	20
脂肪	10
糖	40
無機鹽和多種維他命	30

鮮杞子營養成分	含量（毫克 /100 克）
胡蘿蔔素	3.39
維他命 B_1	0.23
維他命 B_2	0.33
菸酸	1.7
抗壞血酸	3

尚分離出有 β - 谷甾醇、亞油酸。杞子中還含玉蜀黍黃素、甜菜鹼和一種維他命 B_1 抑制物。

杞子部位	營養成分或含量	
果皮	含酸漿果紅素	
種子	脂肪油	17.21%
	總糖量	22~52%
	蛋白質	13~21%
	粗脂肪	8~14%
果實	水溶性部分得到活性成分枸杞多糖	6~8%

此外，杞子中還含有大量的氟、錳、鉻、鎂、鋅、銅、硒、鉬、鎳、鈣、磷、鋰、鈉、鍺、鈷、鐵、矽、釩、鉀等多種微量元素，這些元素在人體內與酶、激素以及維他命等共同參與生命的代謝過程，並提高身體的免疫能力。

保健功效

枸杞子能促進調劑免疫系統功能，可提高睾酮水準，促進造血功能。對人體具有升白細胞作用，還有抗衰老、抗腫瘤、抗血脂、抗突變，保肝及降脂肪肝、降血糖、降血壓的作用。

專家說法 降血糖 主要應用糖尿病

動物實驗證明，枸杞能夠明顯降低糖尿病的血糖，升高血清胰島素水準，修復受損傷胰島細胞和促進胰島 β 細胞的再生。並明顯對抗正常小鼠服用葡萄糖引起的血糖升高，結果提示：枸杞多糖對正常及糖尿病均有降血糖作用。

專家說法 降血脂 主要應用高脂血症・脂肪肝

動物及臨床實驗都顯示杞子有良好的降血脂作用，其藥用機理還是由於枸杞中含有的枸杞多糖成分。動物實驗證明，枸杞多糖對高脂血症的血脂有明顯影響，能顯著降低血清膽固醇及三酸甘油脂含量，降脂有效率達 100%；但對血細胞、肝功能及腎功能未見有不良影響。將其應用於臨床，實踐證明枸杞子對老年男性高脂血症伴有性激素代謝障礙患者有較好的降脂作用和降低雌二醇的作用。

專家說法 降血壓 主要應用高血壓等

動物實驗顯示枸杞多糖可降低收縮期、舒張期血壓，降低血漿及血管中丙二醛、內皮素含量，增加降鈣素基因相關肽的釋放，防止高血壓形成。臨床實驗證明：杞子 10 克，開水沖泡，飯後當茶喝，每天 3 次，連服 10 天，有明顯的降壓效果。

專家說法 護肝 主要應用脂肪肝・肝硬化等

眾所周知，肝是乙醇代謝的主要場所，長期乙醇的攝入可引起酒精性肝炎，其病理學形態有脂肪肝、酒精性肝炎、肝纖維化或肝硬化。枸杞子含有甜菜鹼、胡蘿蔔素、多種不飽和脂肪酸、氨基酸和多種維他命等。甜菜鹼可抑制脂肪在肝內沉積，防止肝硬化，對保護正常肝細胞有顯著作用。動物實驗結果發現：枸杞具有明顯抑制乙醇所致丙氨酸氨基轉移酶升高的作用，對大劑量飲酒造成的肝損傷具有保護作用。

此外，枸杞多糖對實驗性肝損傷也具有保護作用。實驗結果表明，枸杞多糖對四氯化碳引起肝損傷有修復作用，其機制可能是通過阻止內質網的損傷，促進蛋白質合成及解毒作用，恢復肝細胞的功能，並促進肝細胞再生。

專家說法 消除疲勞 主要應用疲勞綜合症等

疲勞是人體極其複雜的生理狀態，一般指身體生理過程不能持續其功能在特定水準上，或不能維持預定的運動強度，致使身體和精神狀態的下降，導致工作能力和工作效率的衰退。能源物質的消耗、代謝物質的堆積是產生疲勞的重要原因。

糖原的儲存量可直接影響身體的運動能力。枸杞多糖能夠通過增加能量物質的儲備，為身體提供更多的能量來達到抗疲勞的目的。

專家經臨床觀察發現，每日服用枸杞多糖膠囊四粒並且連服兩個月的老人，有 80% 以上的人膽固醇和甘油三脂明顯下降；用藥後，易疲勞、食慾不振和視力模糊等症狀明顯改善。長期服用的老人，頭髮都不再脫落，面容也由憔悴變為紅潤。

專家說法 抗腫瘤 主要應用 預防及治療多種癌腫

枸杞具有明顯的抗誘變作用，既可預防、減少體細胞的癌變，又可保證人類生殖細胞和胚胎細胞的正常生長，減少遺傳病、畸形的發生。

實驗提示能顯著地抑制人宮頸瘤細胞和人胃腺癌細胞的生長和繁殖，抑制癌細胞克隆的形成。

實驗研究發現，枸杞多糖結合放療顯示出明顯的放射增敏作用，對急性乏氧性腫瘤細胞也有一定的放射增敏作用，且對身體無明顯毒性作用。枸杞多糖還能提高和保護放療、化療患者的免疫功能。

專家說法 抗衰老 主要應用 早衰綜合症等

衰老是生命過程中的正常生理現象。國內外學者從細胞和分子水準探索生物衰老機制，提出了自由基學說、生物膜損傷學説等。自由基脂質過氧化損傷與動脈粥樣硬化、腦血管病、糖尿病、肝損傷等常見老年病關係密切。枸杞多糖在體外可直接清除羥自由基，並能抑制自發或由羥自由基引發的脂質過氧化反應。

臨床研究發現，無明顯疾病的老年人，每天嚼服枸杞 50 克，連續 10 天為 1 個療程，療程結束後抽血檢查，可見淋巴細胞轉化率明顯提高，反應有向年輕化逆轉的傾向。

專家說法 健腦 主要應用 中風・腦退化症・缺氧缺血性腦損傷等

研究發現，枸杞多糖可明顯改善腦缺血再灌注小鼠的行為障礙及卒中症狀，可顯著提高腦缺血再灌注小鼠學習、記憶能力，並促進其學習、記憶能力的恢復。對神經內分泌網絡起調節作用，使肝臟去甲腎上腺素含量下降，下丘腦的去甲腎上腺素、多巴胺升高，血漿皮質酮水準降低。

枸杞多糖對缺血性腦損傷有明顯的保護作用，可減輕腦水腫，改善大腦功能狀態。

專家說法 抑菌 主要應用 多種細菌感染性疾病，如感染性皮膚病等

研究發現，枸杞浸出液對金黃色葡萄球菌、表皮葡萄球菌等 17 種細菌均有較強的抑菌作用。在對枸杞水提物抗誘變作用的研究中發現，枸杞具有明顯抗誘變作用。

專家說法 對抗鉛 主要應用 鉛中毒

研究發現，枸杞水煎劑能顯著對抗鉛，抑制遲發型變態反應和降低抗體效價，表明枸杞對鉛的免疫毒性有明顯的拮抗作用。

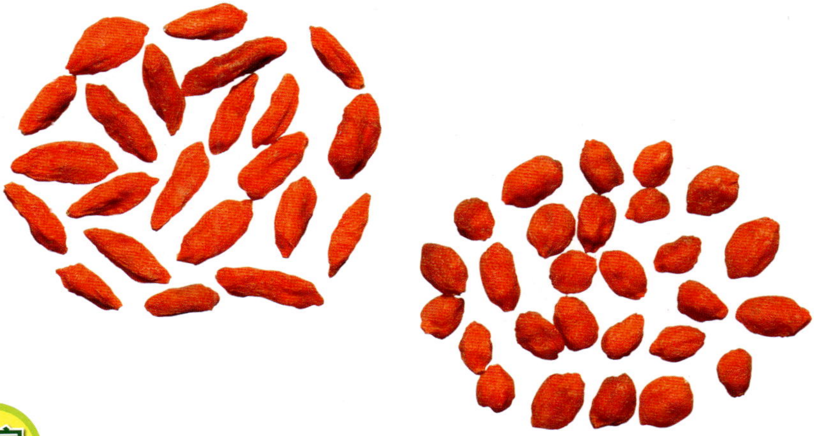

專家說法 保護生殖系統 主要應用 男女更年期綜合症・不育症等

枸杞多糖通過作用「下丘腦 - 垂體 - 性腺」軸，可對被損傷的生殖系統產生保護作用。

研究表明，枸杞多糖通過促性腺激素作用促進垂體分泌性腺激素，對「下丘腦 - 垂體 - 性腺」這條軸線產生多層次調節作用，促使生精過程暢通和睾丸生殖細胞發育正常。並且枸杞多糖各劑量均能使過氧化氫染毒細胞的拖尾細胞百分率和尾長顯著降低，兩者呈劑量 - 反應關係，提示枸杞多糖能抑制過氧化氫誘導的睾丸細胞損傷，對生殖細胞具有明顯的保護作用。

專家說法

影響免疫系統

主要應用

慢性肝病・慢性萎縮性胃炎・免疫功能低下・疲勞綜合症等

枸杞能顯著提高巨噬細胞的吞噬百分率和吞噬指數，還可提高因放射療法或惡性腫瘤所導致的免疫功能下降患者的淋巴細胞轉化率和巨噬細胞的吞噬率，以提高患者的免疫能力。

枸杞中富含的枸杞多糖，具有明顯提高吞噬細胞的吞噬功能。實驗研究表明，枸杞多糖能增強身體非特異性免疫功能，增加血清溶血素含量。枸杞多糖能增加脾有核細胞的數量；枸杞多糖能拮抗自然殺傷細胞的降低，提高白細胞介素的產生，提示枸杞多糖抑瘤作用可能主要通過身體免疫系統。動物實驗證明，枸杞多糖能減少脂肪褐素的沉積，抑制肝中的過氧化脂質的形成。

專家說法

影響造血系統

主要應用 **白細胞減少症等**

研究發現，人在服用枸杞後，白細胞總數與中性粒細胞絕對數比服藥前均有明顯增加，而對照組在服用安慰劑後除總數略有增加外，中性粒細胞絕對數無明顯變化。中性粒細胞在應激狀態下數目增加，有利於完成白細胞的免疫功能。另有研究表明，枸杞可促進造血功能的恢復；因此，臨床上可以考慮與化療藥物合用，預防和緩解白細胞減少症。

專家說法

對子宮的作用

主要應用 **宮內胎兒生長遲緩等**

動物實驗表明，枸杞有明顯的促進子宮增重的作用。民間有些食療法有保胎作用，不妨一試：

杞子 10 克，魚肚 15 克，紅糖適量。將杞子加水適量煮滾後，加入搗碎之魚肚，煮至融化，再加紅糖調味服食，每天 1 次，連續 3~5 天。

杞子 10 克，豬肚 100 克，魚肚 30 克，調味料適量。將豬肚洗淨，切片，魚肚浸發，與杞子等同放鍋中，加水適量煮 2 小時，下調味料即成。

Q 杞子有哪些食用方法？

A 一般認為，杞子的食法有以下四種：

★ 鮮食。新摘的杞子晶瑩紅潤，汁濃充盈，咀嚼味甘潤口，每天可食10克左右。具有滋肝腎之陰，為平補腎精肝血之效。

★ 將杞子烹調入菜。

★ 將杞子單獨或加入複方，遵醫囑煎服。

★ 置酒中浸泡。

Q 杞子怎樣有效保健配伍？

A 杞子通常的配伍與保健功效如下：

配伍	保健功效
配菊花	用於肝腎虛損之目昏瞻視，目生雲翳，有明目之功。
配熟地黃	相須為用，共用於肝腎陰虧之腰膝痠軟，月經不調，遺精，早衰之候；亦可用於肝腎精血不足之頭暈，耳鳴，二目昏花等。
配北沙參	用於肺胃陰傷之咳嗽咽乾，陰虛肺癆，消渴癉中，熱病傷陰之候。
配女貞子	用於肝腎精血不足之頭昏目眩，視物不清，目生雲翳或暴盲，鬚髮早白，腰膝痠軟等。
配菟絲子	合用治腎精不足，肝血虧損之二目昏花，視瞻昏眇，遺精早洩，頭昏耳鳴，腰痛。
配何首烏	平補肝腎，益精補血，烏髮強筋。
配麥冬	用於熱病傷陰，陰虛肺燥，消渴癉中之候，有協調作用。
配黃精	可滋陰補血，杞子助黃精養陰潤肺，黃精助杞子滋補陰血。

Q 如何選購杞子？

A 選購杞子要一看二聞三嚐，以顏色鮮紅、飽滿、均勻、肉厚、質軟者為佳。

★ 看色澤。品質較好的杞子，果實呈紡錘形或橢圓形，兩端較小，略壓扁，表面鮮紅色至暗紅色，有不規則皺紋，略具光澤。頂端有凸起的花柱痕，基部有白色的果梗痕。果皮柔韌，果肉柔軟，內含多數淺黃棕色扁腎形種子，味甜。假「杞子」的果實為圓球形，表面暗棕色或黃棕色，果皮稍硬，半透明，可見到裏面的種子較大而多，味酸。

* 聞氣味。沒有異味和刺激的感覺就可以選擇。
* 嚐味道。如口感甜潤，無苦味、澀味，則為正品。用鹼水處理過的杞子有苦澀感。

Q 杞子有品種之分嗎？

A 主要分西杞、津杞兩種。

* 西杞：主產寧夏，甘肅有少量生產。呈橢圓形或紡錘形，略壓扁，長1.5~2厘米，直徑4~8毫米。表面鮮紅色至暗紅色，具不規則的皺紋，略有光澤，一端有白色果柄痕。肉質柔潤，內有多數黃色種子；扁平似腎臟形。無臭，味甜，嚼之唾液染成紅黃色。以粒大、肉厚、種子少、色紅、質柔軟者為佳。
* 津杞：又名津血杞、杜杞子。主產河北，河南、陝西、四川、山西、江蘇等地亦產。呈橢圓形或圓柱形，兩端略尖，長1~1.5厘米，直徑3~5毫米。表面鮮紅色或暗紅色，具不規則的皺紋，無光澤。質柔軟而略滋潤，內有多數種子，種子形狀與上種略同。無臭，味甜。以粒大、肉厚、種子少、色紅、質柔軟者為佳。粒小、肉薄、種子多、色灰紅者質次。

Q 西杞是如何分級的？

A 主要有三個級別。

西杞	形狀	色澤	質地	味道	重量	品質
一等	橢圓形或長卵形。	果皮鮮紅，紫紅或紅色。	質柔軟滋潤。	糖質多，味甜。	每50克370粒以內。	無油果、雜質、蟲蛀、霉變。
二等	橢圓形或長卵形。	果皮鮮紅或紫紅色。	質柔軟滋潤。	糖質多，味甜。	每50克580粒以內。	無油果、雜質、蟲蛀、霉變。
三等	橢圓形或長卵形。	果皮紅褐或淡紅色。	質柔軟滋潤。	糖質較少，味甜。	每50克900粒以內。	無油果、雜質、蟲蛀、霉變。

Q 如何貯藏杞子？

A 杞子置陰涼乾燥處，防悶熱，防潮，防蛀。

Q 杞子入饌需要注意什麼？

A 杞子的食用方法很多。

* 杞子除作煲湯外，焗水也可以焗出其功效，煲湯時約半小時左右便可出味，煮太久會令味道變酸。
* 杞子煮前要先用水浸，以洗去硫磺等防腐物質。
* 優質的杞子，味道帶甜，適宜做甜品，如杞子桂花糕。
* 枸杞的莖枝粗硬不可吃，只吃菜葉；但煲湯卻是菜味甘濃，功效更明顯，因此滾湯一定要連梗一起煮。至於有機枸杞，因沒放農藥，採取天然種植的方法，比一般枸杞種植需更長時間，菜味更甜，纖維更豐富。
* 農家更有將枸杞葉曬乾作茶葉用（或將整株枸杞菜連梗剪碎曬乾），隨時泡茶或煎水飲，有清理肝、腎、肺火的功效，對風火牙痛及偏頭痛者有療效。

Q 食用杞子有無禁忌？

A 杞子雖然性平，且具有很好的滋補和治療作用，但食用過多也會有助火戀邪之弊；所以患有高血壓、性情太過急躁的人，或平日大量攝取肉類導致面泛紅光的老饕們，以及正在感冒發熱、身體有炎症者不宜食用。此外，脾虛泄瀉之人也不宜食用。

Q 如何控制杞子的用量？

A 一般説來，健康的成年人每天吃 20 克左右的杞子比較合適；如果想起到治療的效果，每天最好吃 30 克左右，熱體質的人減半食用。動物實驗證明，杞子是安全的食物，裏面不含任何毒素，可以長期食用。

餐桌營養菜式

二子降脂茶

【功效】滋補肝腎

用途 適用於肝腎陰虛型脂肪肝。

材料 杞子、女貞子各 30 克。

做法
1. 杞子、女貞子洗淨，曬乾或烘乾，包入紗袋內，放大杯中。
2. 用滾水沖泡，加蓋，焗 15 分鐘，即可飲用。

食用 代茶飲。可連續沖泡 3~5 次，當天飲完。

人參杞子飲

【功效】益氣養血，和中降脂

用途 適用於氣血虛弱、血脂偏高之脂肪肝。

材料 生曬參 2 克，杞子 30 克。

做法 生曬參和杞子洗淨，放入砂鍋，加適量水，用大火煮滾，再改用小火煮 40 分鐘。

食用 代茶飲。

五子補腎茶

【功效】補腎益精

用途 適用於腎精虛損型骨質疏鬆症。

材料 菟絲子、杞子各 250 克，覆盆子 120 克，車前子 60 克，五味子 30 克。

做法 1. 將上述材料共研為細末，分成數十份，每份約 10 克。
2. 每天 1 份用滾水沖泡。

食用 代茶頻飲。

菟絲子

五味杞子桑椹飲

【功效】養陰潤燥

用途 適用於熱傷陰津之小兒夏季熱。

材料 杞子、桑椹各 20 克，五味子 15 克，冰糖適量。

做法

1. 將五味子洗淨，包入紗袋內；杞子、桑椹洗淨。
2. 上面三者同置鍋內，加 1000 毫升水，煮取 500 毫升。
3. 除去五味子紗袋，加冰糖煮融，取出候涼，放雪櫃內保存，隨時可用。

食用 每天 1 次，連續 3~5 天。

五味杞子飲

【功效】養陰潤燥

用途 適用於小兒夏季熱，證屬熱傷陰津，症見發熱或高或低，口渴欲飲，口乾咽燥。

材料 五味子 15 克，杞子 20 克，冰糖 30 克。

做法

1. 五味子洗淨，包入紗袋內。
2. 與洗淨的杞子同煎，加水 1000 毫升，煮取 800 毫升，加冰糖煮融。

食用 代茶飲。每天 1 次。

五味子

生髮黑豆湯

【功效】養腎生髮

用途 適用於伴有失眠多夢的脱髮患者。

材料 芝麻、黑豆各 30 克，杞子 12 克，砂糖 20 克。

做法
1. 芝麻、黑豆、杞子洗淨。
2. 同置鍋內，加適量水煮約 ½ 小時，加入砂糖，連湯渣同食。

食用 每天 1 次，連飲 60 天。

黑豆

杜仲杞子雞血藤湯

【功效】補益肝腎，活血通絡，解痙舒筋

用途 適用於頸椎病。

材料 杜仲、杞子、雞血藤、玄胡、獨活、桑枝、徐長卿、劉寄奴、伸筋草、五加皮各 15 克。

做法
1. 將材料洗淨。
2. 同置鍋內，加適量水煎煮約 40 分鐘，取汁飲用。

食用 每天 1 次。

杜仲

杞子二花飲

【功效】養肝清肝

用途 適用於肝陰不足、肝火上亢之高血壓。

材料 杞子 10 克，菊花、密蒙花各 3 克。

做法
1. 將材料洗淨，同入杯中。
2. 用適量滾水沖泡，加蓋焗 10 分鐘，即可飲用。

食用 代茶頻飲。一般可連續沖泡 3~5 次。

菊花

杞子洋參茶

【功效】調養肝腎，清熱益氣

用途 適用於慢性虛熱型泌尿系感染，兼有尿熱尿急、腰痠、舌紅少苔、脈細數者。

材料 杞子 30 克，花旗參 5 克，冰糖 15 克。

做法
1. 杞子、花旗參分別揀去雜質，洗淨；花旗參切成片。
2. 同放入砂鍋，加適量水，浸泡片刻後，大火煮滾。
3. 加冰糖，改用小火煎煮 30 分鐘，即成。

食用 當茶飲。上、下午分飲。

枸杞的生長分佈

枸杞在國內外均有分佈，全世界約有 80 種，多數種類分佈在南、北美洲，在美國的亞利桑那州和南美的阿根廷形成兩個分佈中心。歐亞大陸約有 10 種，中亞種類最多。中國主要分佈於東北、河北、山西、陝西、甘肅南部以及西北、西南、華中、華南和華東各省區；並以甘肅的張掖（古稱甘州）（產品稱甘杞子），寧夏的中寧、中衛（產品稱西枸杞）以及天津地區（產品稱杜杞子、津血杞）這三區為傳統主要產區，更以寧夏為之最。

杞子首烏飲

用途 適用於肥胖者。

材料 杞子 10 克，首烏、決明子、山楂各 15 克，丹參 20 克。

做法
1. 將材料洗淨。
2. 同置砂鍋內，加適量水煎煮 ½ 小時，取汁飲用。

食用 每天 1 次，分 2 次飲。

【功效】養陰，活血，降脂

首烏

杞子首烏蓯蓉飲

用途 適用於面色萎黃。

材料 杞子 15 克，製首烏、肉蓯蓉、菟絲子各 10 克，澤瀉 2 克，綠茶 5 克，冰糖適量。

做法
1. 將杞子、製首烏、肉蓯蓉、菟絲子、澤瀉洗淨。
2. 將藥材放入砂鍋，加適量水煎煮為 450 毫升，取汁泡綠茶飲用，可酌情加入冰糖。

食用 代茶飲。每天 1 次。

【功效】調養肝腎，養膚美顏

澤瀉

杞子桂圓飲

【功效】養血潤膚

用途 適用於面色萎黃。

材料 杞子、桂圓肉、山楂各 15 克，菊花 10 克，青果 6 克。

做法 1. 將材料洗淨，放入杯內。
2. 用適量開水沖泡後飲用，沖飲至味淡。

食用 每天 1 劑，分 2 次飲。

桂圓肉

杞子桑椹飲

【功效】補益腎氣，烏鬚黑髮

用途 適用於頭髮花白。

材料 杞子、桑椹各 15 克。

做法 1. 將杞子、桑椹洗淨。
2. 放入砂鍋內，加 3 碗水煎至 1 碗，取汁飲用。

食用 代茶飲。每天 1 劑，分 2 次。

桑椹

杞子黃連飲

【功效】養陰明目，清熱解毒

用途 適用於慢性結膜炎，對結膜輕度充血，視物疲勞者尤為適宜。

材料 杞子 15 克，黃連 3 克。

做法
1. 將杞子、黃連洗淨，同入杯中。
2. 用滾水沖泡，加蓋焗 10 分鐘，即可飲用。

食用 代茶飲。頻頻飲用，可沖泡 3~5 次。

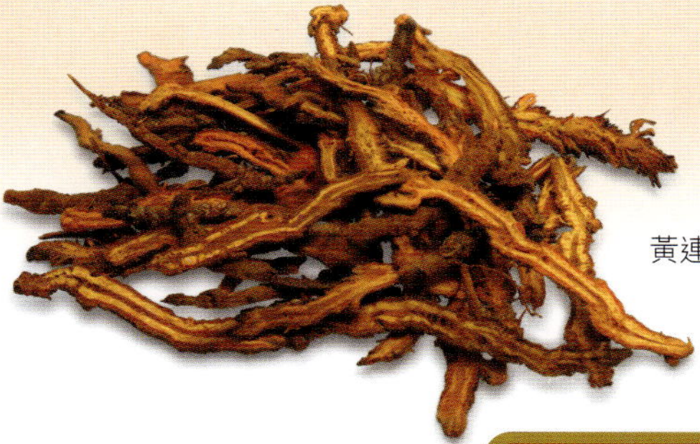

黃連

杞子黃精飲

【功效】養血益精，潤膚養顏

用途 適用於面部皺紋。

材料 杞子、黃精各 12 克。

做法
1. 將杞子、黃精洗淨。
2. 放入砂鍋內，加入 2 碗水，煎成 1 碗水，即可飲用。

食用 每天 1 劑，分 2 次飲。

黃精

杞子銀花飲

【功效】清肝瀉火

用途 適用於慢性結膜炎，對結膜輕度充血，內外眥有少量白色分泌物者尤為適宜。

材料 杞子、野菊花、決明子各 10 克，銀花 15 克，生甘草 3 克。

做法
1. 將材料洗淨。
2. 放入砂鍋內，加適量水，煎煮 30 分鐘，取汁即成。

食用 上、下午分飲。

杞子蓮芯茶

【功效】養陰降火

用途 適用於陰虛火旺型失眠。

材料 杞子 15 克，蓮芯 3 克。

做法
1. 將杞子、蓮芯洗淨，同入杯中。
2. 用滾水沖泡，加蓋焗 10 分鐘，即成。

食用 代茶飲。可連續沖泡 3~5 次，當天飲完。

蓮芯

杞菊沙苑子茶

【功效】調養肝腎，疏風止痛

用途 適用於肝腎不足，風擾清竅的經行頭痛，症見經期或經後頭痛，或頭頂痛，頭暈目眩；手足心熱，腰痠腿軟，煩躁易怒，口苦咽乾；或月經提前，量少色鮮紅；舌紅苔少，脈弦細數。

材料 杞子、沙苑子、合歡花各 10 克，菊花 20 克，蜂蜜適量。

做法
1. 將杞子、菊花、沙苑子、合歡花洗淨。
2. 一同放入砂鍋內，加適量水，煎好取汁，加蜂蜜，即可飲用。

食用 1 天之內飲完。

沙苑子

杞菊飲

【功效】調養肝腎

用途 適用於肝腎陰虛之經行眩暈。

材料 杞子 15 克，菊花 6 克。

做法
1. 將杞子、菊花洗淨。
2. 一同放入砂鍋內，加適量水，煎約 20 分鐘取汁，即可飲用。

食用 代茶飲。

菊花

芝麻首烏杞菊飲

【功效】補益肝腎，滋陰養血，生髮烏髮

用途 適用於頭髮花白。

材料 黑芝麻、杞子、何首烏各 15 克，杭菊花 6 克。

做法
1. 將材料洗淨。
2. 一同放入砂鍋內，加適量水，煎約 30 分鐘取汁，即可飲用。

食用 代茶飲。每天飲 1 次。

古代醫家對枸杞的論述

枸杞作為藥材，在中國有悠久的歷史，除了《詩經》中的記載外，宋代蘇東坡在《小圃枸杞》一詩中曰：「根莖與花實，收拾無棄物」，指出枸杞的根、莖、花、果都可利用。在明代李時珍《本草綱目》對枸杞作用的論述已很全面，稱其「滋腎、潤肺、明目」。

紅蘿蔔杞子茶

【功效】養肝明目，潤燥降糖

用途 適用於糖尿病、夜盲症。

材料 紅蘿蔔 150 克，杞子 30 克。

做法
1. 紅蘿蔔洗淨外皮，放入滾水中燙一下，撈出，切碎。
2. 放入攪拌機中，加適量涼開水榨取汁，過濾，盛入杯中。
3. 杞子去雜質，洗淨後放入砂鍋內，加適量水，大火煮滾後，改用小火煎煮 30 分鐘，調入紅蘿蔔汁液，再煮至滾，即成。

食用 每天早、晚分飲。

紅蘿蔔

桑菊杞子決明飲

【功效】清熱瀉火，平肝養肝

用途 適用於肺熱肝火型鼻咽癌，頭痛頭暈，視物模糊，口苦咽乾，心煩失眠，顴部潮紅等。

材料 桑葉、菊花、杞子各 9 克，決明子 6 克。

做法
1. 將材料分別洗淨。
2. 放入砂鍋內，加適量水，大火煮滾，改小火煎煮 30 分鐘，去渣取汁即成。

食用 當茶飲。分早、晚 2 次飲，或頻頻飲之。

葡萄乾杞子茶

【功效】養血補血，潤肺止咳

用途 適用於貧血、肺結核等。

材料 葡萄乾 30 克，杞子 15 克。

做法
1. 將葡萄乾、杞子分別去雜，洗淨，曬乾或烘乾，同放入杯中。
2. 用剛煮滾的水沖泡，加蓋焗 15 分鐘，即成。

食用 當茶頻頻飲用。一般可連續沖泡 3~5 次。

蓮芯杞子甘草茶

【功效】清心養肝

用途 適用於虛火上升之經行情志異常。

材料 蓮芯 2 克，杞子 5 克，甘草 2 克。

做法
1. 將蓮芯、杞子、甘草分別去雜，洗淨。
2. 同放入砂鍋中，加適量水，煎約 20 分鐘取汁。

食用 代茶飲。

蓮芯

蓮芯杞菊苦丁茶

【功效】清熱養陰

用途 適用於陰虛火旺之更年期綜合症，症見頭暈目眩，耳鳴耳聾，頭面部烘熱，煩躁易怒，口乾，便秘，小便黃，月經紊亂，經量時多時少，舌質紅，少苔，脈弦或弦細數。

材料 苦丁茶 3 克，蓮芯 1 克，菊花 3 克，杞子 10 克。

做法 1. 將材料洗淨，同放入杯中。
2. 以滾水沖泡，加蓋焗 10 分鐘，即成。

食用 代茶頻頻飲用。可重複泡 3~5 次。

苦丁茶

鮮杞子汁

【功效】補肝益腎

用途 適用於更年期綜合症，症見月經紊亂或多或少，或先期或退後、頭暈目眩、腰膝痠軟等。

材料 鮮杞子 250 克。

做法 將鮮杞子洗淨，用紗布包裹，榨取汁液。

食用 代茶飲。每次 10~20 克，每天 2 次。

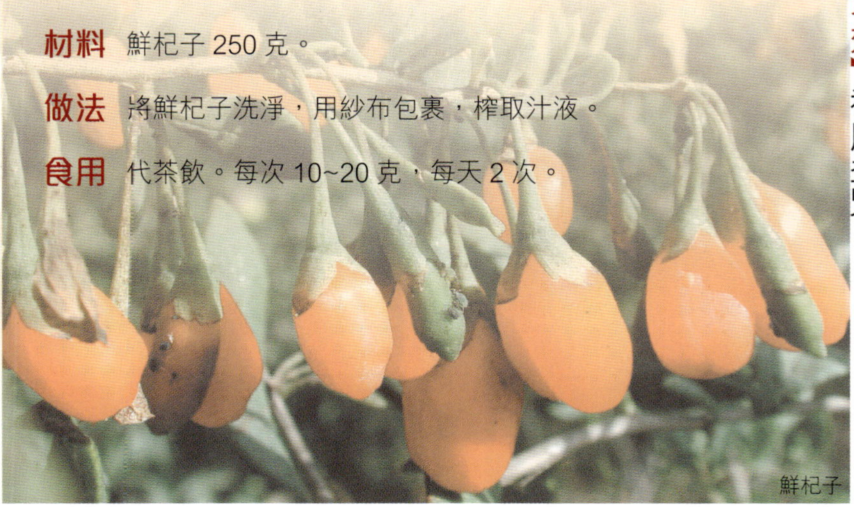

鮮杞子

湯水

二子雞湯

【功效】補益肝腎，養血調經

用途 適用於肝腎不足之月經過少者。

材料 菟絲子、杞子各 15 克，鹿角膠 12 克，烏雞肉 150 克，陳皮 5 克，大棗 6 顆，米酒少許，鹽適量。

做法
1. 將烏雞肉洗淨，斬塊，汆水。
2. 其餘材料洗淨，陳皮浸軟，去瓤。
3. 將材料（鹿角膠除外）放入砂鍋內，加水適量，倒入米酒，小火煮 2 小時；放入鹿角膠，烊化，下鹽調味。

食用 飲湯吃肉。月經前每天 1 劑，連用 5 劑。

註 烊化：中藥入湯劑的方法之一。將膠類藥物放入水中或已煎好的藥液中融化，再倒入已煎好的藥液中和勻內服。烊化可不使膠類藥物黏附於其他藥物或藥煲上，以免燒焦。如阿膠、龜板膠等。

人參杞子大補雞

【功效】益氣養血，升提血壓

用途 適用於氣血兩虛型低血壓症。

材料 母雞 1 隻，白參、杞子各 10 克，冰糖適量。

做法
1. 將雞洗淨，去腸（保留心、肝），先放砂鍋內，加入適量水，大火煮滾，改小火燉至雞熟，去掉雞骨。
2. 將白參切細末，杞子搗細如泥，再加適量冰糖，與雞共燉至糊狀，即成。

食用 佐餐食用。

三七淮山杞子雞湯

【功效】活血化瘀，益氣養陰

用途 適用於甲狀腺癌手術後或放療化療後氣虛血瘀者。

材料 三七 10 克，雞肉 250 克，淮山、杞子各 25 克，桂圓肉 20 克，鹽、米酒各適量。

做法
1. 三七、淮山、杞子、桂圓肉洗淨，包入紗袋內。
2. 雞肉洗淨，斬塊，用米酒醃漬。
3. 將藥材紗袋、雞肉放入砂鍋，加水適量，用大火煮滾，改小火燉至雞肉熟，下鹽調味。

食用 食肉喝湯。每天 1 劑，分 2 次食完，連食 7~10 天。

三七

杞子淮山烏雞湯

【功效】補養肝腎

用途 適用於肝腎虧損之糖尿病患者，症見頭暈目昏，視物不清、腰腿疼痛、夜尿頻數者。

材料 杞子、淮山各 30 克，烏雞肉 60 克，薑 2 片，鹽適量。

做法
1. 烏雞肉洗淨，氽水。
2. 將杞子、淮山、薑片洗淨。
3. 雞肉、杞子、淮山、薑片一同放入砂鍋內，加適量水煮至雞肉熟，下鹽調味。

食用 佐餐食用。

淮山

杞參烏雞湯

【功效】益氣養血，大補元氣

用途 適用於胰腺癌等。

材料 杞子 30 克，人參、橘皮各 10 克，烏雞 1 隻（約 600 克），葱、薑、米酒、鹽各適量。

做法
1. 烏雞去內臟、腳爪，洗淨。
2. 將人參、杞子、橘皮、葱、薑洗淨，切碎，同米酒放入雞腹腔。
3. 將雞放入砂鍋內，加水適量，大火煮滾，改小火燉熟，下鹽即可。

食用 佐餐食用。

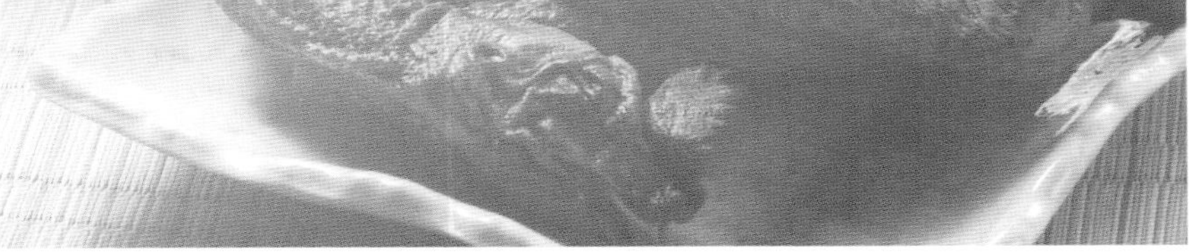

黃芪杞子雞湯

用途 適用於卵巢癌手術後或放療、化療後身體虛弱，氣血不足者。

材料 母雞 1 隻，黃芪、桂圓肉各 15 克，杞子 10 克，大棗 5 顆，陳皮 5 克，薑、鹽各適量。

做法
1. 黃芪、杞子、陳皮洗淨，陳皮浸軟刮去瓤，包入紗袋內。
2. 母雞去內臟，洗淨，切小塊，汆水。
3. 將雞肉、藥材紗袋、桂圓肉、大棗、薑放入鍋中，加水適量，用小火煮至爛熟，下鹽調味。

食用 食肉喝湯。可常吃。

【功效】補益氣血，健脾開胃

黃芪

黃芪參蓮雞

用途 適用於先兆流產、習慣性流產。

材料 黃芪、蓮子肉、杜仲各 20 克，黨參、淮山、杞子各 30 克，白朮 12 克，熟地 15 克，烏雞 1 隻，鹽適量。

做法
1. 將藥材用溫水洗淨。
2. 烏雞去內臟，洗淨，將藥材裝入雞腹內。
3. 將雞放入砂鍋內，加適量水，大火煮滾，改小火煮 40 分鐘，下鹽調味。

食用 空腹時食肉。

【功效】健脾補血安胎

黨參

白果栗子貝母鴨

【功效】滋陰潤肺，止咳平喘

用途 適用於慢性支氣管炎、肺氣腫之乾咳少痰、氣喘等。

材料 白果、川貝母、百部各 15 克，杞子 30 克，光鴨 1 隻（約 1000 克），栗子肉 50 克，冰糖、米酒、蔥段、鹽各適量。

做法
1. 鴨去內臟，洗淨。
2. 白果去殼、去芯；杞子、百部洗淨；冰糖打碎。
3. 將杞子、白果、百部、川貝母、冰糖放入鴨腹內，鴨放砂鍋內，加水 2500 毫升，放入栗子肉、米酒和蔥段。
4. 置大火上煮滾，再用小火燉 1 小時，下鹽調味即成。

食用 食鴨肉、栗子肉，喝湯。

杞子萸肉鴨

【功效】補益肝腎，健脾和胃

用途 適用於腎癌患者久病耗傷陰液，肝腎陰虛，脾胃不和者。

材料 鴨 1 隻，山萸肉 50 克，杞子、茯苓各 100 克，薑、鹽各適量。

做法
1. 鴨去內臟，洗淨。
2. 藥材洗淨。
3. 鴨與藥材、薑同放入砂鍋，加適量水，燉至肉爛，下鹽調味。

食用 佐餐食用。

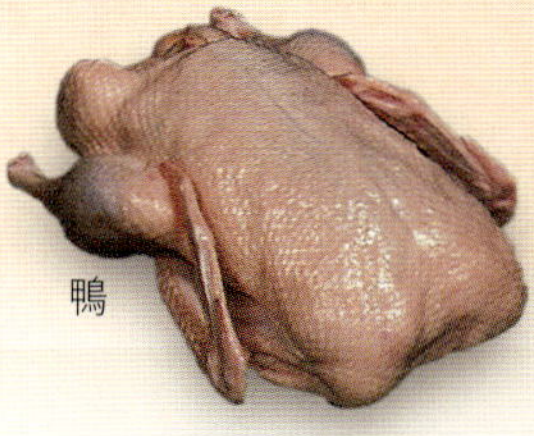

鴨

枸杞的生長習性

枸杞具有較強的適應性，喜光，耐鹽鹼、耐肥、耐旱，忌多水。以肥沃、排水良好的中性或微酸性輕壤土栽培為宜，鹽鹼土的含鹽量不能超過 0.2%，在強鹼性、粘壤土、水田、沼澤地區不宜栽培。從主要分佈區看，一般年平均氣溫在 5.6~12.6℃的地方均可栽培。

淮山杞子燉乳鴿

【功效】 健脾益氣，養肝補腎

用途 適用於脾胃虛弱、肝腎不足者之耳鳴耳聾、視物模糊。

材料 光乳鴿 2 隻，淮山 15 克，杞子 10 克，上湯適量。

做法
1. 乳鴿洗淨，將頭、腳各斬一刀屈折向鴿身。
2. 將 2 隻鴿排在一個湯碗中，加淮山、杞子，再放入上湯，蓋好並封口放進鍋中。
3. 隔水，用大火燉至熟爛取出湯碗，即成。

食用 佐餐食用。

乳鴿

杞圓荔蓮乳鴿湯

【功效】 益氣養血

用途 適用於氣血虛弱之原發性肝癌。

材料 乳鴿 1 隻，豬瘦肉 150 克，杞子 30 克，桂圓肉 20 克，荔枝乾 8 枚，蓮子肉 25 克，大棗 4 顆，陳皮 5 克，鹽適量。

做法
1. 乳鴿去內臟，洗淨，與豬瘦肉分別汆水。
2. 荔枝乾去殼、核，洗淨；杞子、桂圓肉、蓮子肉、大棗、陳皮分別洗淨，蓮子去芯，大棗去核，陳皮刮去瓤。
3. 砂鍋內加適量水，大火煮滾，放入以上各料，改小火繼續煲 3 小時，下鹽調味。

食用 佐餐食用。

桂圓肉

參棗老鴿湯

【功效】益氣養血

用途 適用於氣血虛弱之糖尿病等。

材料 黨參 12 克，杞子 9 克，老鴿 1 隻，豬瘦肉 120 克，鹽適量。

做法
1. 鴿去腸臟，洗淨。
2. 其他材料分別洗淨，豬瘦肉原塊汆水。
3. 取砂鍋加水 2500 毫升，材料一起放入，煲約 2 小時，下鹽調味。

食用 佐餐食用。吃肉喝湯，每天 1~2 次。

黨參

黨參杞子鴿

【功效】健脾益氣，養肝明目

用途 適用於脾氣虛弱，肝血不足之貧血。

材料 黨參 25 克，瘦鴿 2 隻，豬瘦肉 200 克，杞子 20 克，大棗 10 顆，薑 2 片，鹽適量。

做法
1. 瘦肉洗淨，切塊，汆水。
2. 鴿去腸臟，洗淨，汆水。
3. 用砂鍋把適量水煲滾，放入瘦肉、鴿子及洗淨的大棗、黨參、杞子、薑片，再以小火煲 2 小時，下鹽調味。

食用 佐餐食用。每天 1 次，7 天為 1 個療程。

首烏杞子鵪鶉湯

【功效】補益精血

用途 適用於經行頭痛屬於精血不足，腦失所養者。

材料 制首烏 20 克，杞子 30 克，鵪鶉 1 隻（重約 200 克），薑 10 克，紅棗 10 顆，鹽適量。

做法
1. 鵪鶉去腸臟，洗淨。
2. 薑洗淨，切片；其餘材料洗淨。
3. 將全部材料放入砂鍋內，加水適量，小火煮 2 小時，下鹽調味。

食用 1 天之內喝完。

制首烏

鵪鶉淮山杜仲湯

【功效】補益肝腎，強筋壯骨

用途 適用於中風後遺症之下肢萎軟。

材料 鵪鶉 3 隻，杜仲 30 克，淮山 60 克，杞子 15 克，薑 2 片，大棗（去核）10 顆，鹽適量。

做法
1. 鵪鶉去腸臟，洗淨。
2. 與洗淨的杜仲、杞子、淮山、大棗、薑片一同放入砂鍋，加適量水，大火煮滾，改小火燉 2 小時，下鹽調味。

食用 佐餐食用。

注意事項 凡濕熱內蘊或外感發熱者不宜食用。

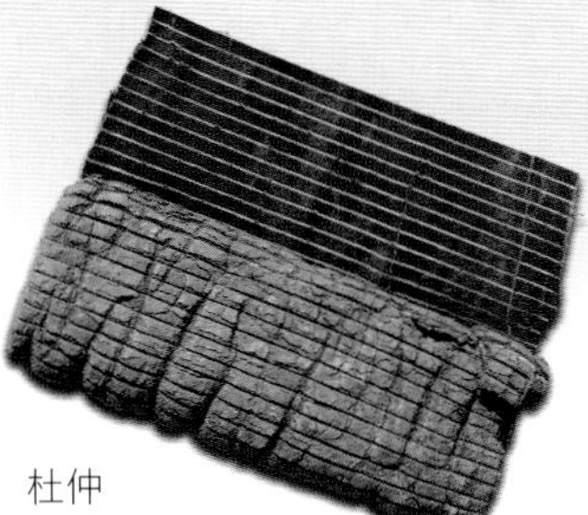
杜仲

仙人掌淮杞瘦肉湯

【功效】潤肺止咳，健脾養肝

用途 適用於肝脾虛弱，肺燥咳喘之慢性支氣管炎。

材料 淮山 30 克，杞子 20 克，豬瘦肉 400 克，仙人掌 200 克，鹽少許。

做法
1. 將瘦肉切塊，汆水，洗淨。
2. 仙人掌洗淨，切成丁。
3. 砂鍋內入水適量，將瘦肉與洗淨的淮山、杞子同煮，至約 1½ 小時，放入仙人掌丁再煮 10 分鐘左右，下鹽調味即成。

食用 食肉飲湯。

杞子瘦肉湯

【功效】補養肝腎，健脾益氣

用途 適用於肝腎陰虛脾氣虛弱之急性腎小球腎炎，見有水腫雖不明顯，但病久出現形體消瘦、頭暈目眩、腰膝軟弱無力、舌質淡、苔薄白、脈沉細等。

材料 杞子 20 克，豬瘦肉 100 克，葱茸、薑茸、鹽各適量。

做法
1. 杞子揀去雜質，洗淨。
2. 豬肉洗淨，切成 2 厘米見方的小塊。
3. 鍋內加水適量，放入豬肉、葱茸、薑茸，大火煮滾，改小火煮 20 分鐘，加入杞子，用小火煮至豬肉塊熟爛，下鹽調味。

食用 當菜佐餐。中、晚餐吃完。

豬瘦肉

杞子豬膶湯

【功效】滋補肝腎，養血明目

用途 適用於肝腎陰虛而現視覺昏矇之肝硬化。

材料 杞子 20 克，豬膶 200 克，鹽適量。

做法
1. 將杞子洗淨。
2. 豬膶洗淨，切片，與杞子同放入砂鍋中。
3. 加適量水，用小火煮熟，下鹽調味即成。

食用 飲湯食豬膶。

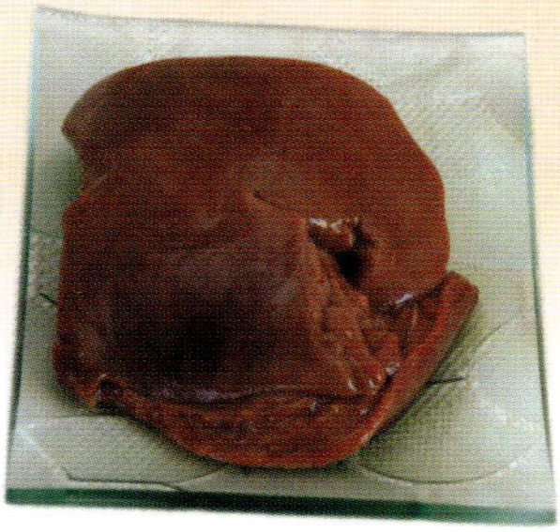

豬膶

杞地白芍豬肉湯

【功效】滋補肝腎，益氣養血

用途 適用於肝腎陰虛、氣血不足之慢性肝炎。

材料 杞子、熟地黃各 30 克，白芍 15 克，豬瘦肉 150 克，大棗 10 顆，薑 1 塊，陳皮 6 克，鹽適量。

做法
1. 豬瘦肉洗淨，切小塊，汆水。
2. 其餘材料洗淨，薑拍爛，陳皮浸軟刮去瓤。
3. 全部材料放入鍋內，加適量水煮沸後，改小火煮 2 小時，下鹽調味。

食用 隨量飲用，當天飲完。

熟地黃

黃芪豬肉湯

【功效】補益氣血，調養肝腎

用途 適用於氣血不足之腎癌。

材料 黃芪 40 克，紅棗 10 顆，杞子 10 克，豬瘦肉 500 克，鹽適量。

做法
1. 瘦肉洗淨，切塊，汆水。
2. 與洗淨的黃芪、紅棗、杞子共入砂鍋，加適量水，煮至肉熟，下鹽調味。

食用 佐餐食用。

黑木耳大棗豬肉羹

用途 適用於氣血虛弱之貧血等。

材料 黑木耳 30 克，當歸、杞子各 10 克，紅棗 10 顆，豬瘦肉 100 克，鹽適量。

做法
1. 黑木耳泡發，洗淨，切小塊。
2. 豬肉洗淨，切塊，汆水。
3. 當歸、杞子、紅棗分別洗淨。
4. 當歸入鍋，加水適量，煎取藥液，藥液內加入豬肉、黑木耳、杞子、紅棗共燉至熟爛，下鹽調味。

食用 1 次食完。

【功效】益氣補血，活血止血

黑木耳

豬肉芪棗歸杞湯

用途 適用於氣血虛弱型貧血等。

材料 豬瘦肉 250 克，黃芪 50 克，大棗 10 顆，當歸、杞子各 15 克，鹽適量。

做法
1. 將豬瘦肉洗淨，切成塊，汆水。
2. 與洗淨的黃芪、大棗、當歸、杞子一同放入砂鍋。
3. 加水適量，大火煮滾，再改小火燉 2 小時，下鹽調味。

食用 佐餐食用。

【功效】補氣養血

大棗

養血烏髮湯

【功效】補益氣血，滋陰烏髮

用途 適用於頭髮花白。

材料 豬瘦肉 250 克，黨參、杞子、黃精、首烏各 15 克，雞血藤 20 克，鹽適量。

做法
1. 將豬瘦肉洗淨，切塊，汆水。
2. 洗淨的黨參、黃精、杞子、首烏、雞血藤一同包入紗袋內，與瘦肉一起放入砂鍋中。
3. 加適量水，先用大火煮滾，再改小火燉至肉熟爛，撈去紗袋，下鹽調味。

食用 佐餐食用。

注意事項 脾虛泄瀉者不宜食用。

雞血藤

鹹蛋肉片滾杞葉湯

【功效】清熱解暑，滋陰降火，清肝明目

用途 適用於發熱煩渴，目赤昏痛者。

材料 枸杞葉 50 克，鹹蛋 1 隻，豬瘦肉 200 克，油 3 茶匙，生粉 ½ 湯匙，生抽 1 湯匙，鹽適量。

做法
1. 枸杞葉反覆清洗多次。
2. 取出鹹蛋蛋黃，切半，蛋白拌勻。
3. 瘦肉洗淨，切薄片，用油、生粉、生抽和少許鹽拌勻，醃好。
4. 煮滾水，放油，下枸杞葉、鹹蛋黃、肉片和薑片，再次煮滾後淋入蛋白，攪拌，煮約 3 分鐘，下鹽調味。

食用 經常食用。

枸杞葉

靈芝杞參瘦肉湯

【功效】益氣養血，和中抗癌

用途 適用於乳腺癌患者手術後或放療、化療中氣血不足者。

材料 靈芝粉 10 克，杞子、黨參各 15 克，豬瘦肉 200 克，薑絲、鹽各適量。

做法
1. 瘦肉洗淨，切塊，汆水，撈出。
2. 將瘦肉、黨參、靈芝粉、杞子、薑絲同置砂鍋中，加水適量，燉熟，下鹽調味。

食用 每天 1 劑，1 次食完，連食 5~7 天。

靈芝

冬菇杞子排骨湯

【功效】健脾和胃，補益氣血

用途 適用於早期大腸癌氣血虛弱者。

材料 冬菇 45 克，豬排骨 300 克，杞子 20 克，鹽、米酒、薑、葱白各適量。

做法
1. 冬菇洗淨，浸軟，去蒂，切碎；豬排骨洗淨，斬塊，汆水；葱白洗淨，切細。
2. 將排骨放入炒鍋中，加油炒片刻，加米酒翻炒。
3. 再加薑、杞子、冬菇及適量水煮湯，湯滾後用小火煮 20 分鐘，下鹽、葱白調味即可。

食用 經常食用。

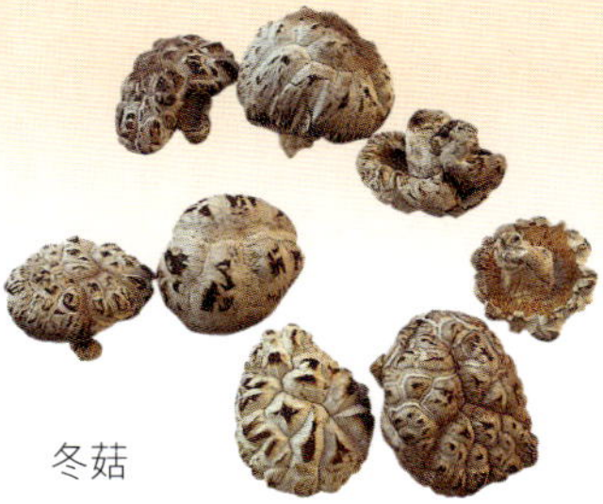

冬菇

核桃杞子豬尾湯

【功效】益精，烏髮

用途 適用於腎精不足所致的頭髮花白。

材料 豬尾 2 條，杞子 30 克，核桃仁、杜仲、生地黃各 60 克，薑 5 片，葱段 10 克，鹽適量。

做法
1. 豬尾刮淨，切段，洗淨，汆水。
2. 核桃仁用開水燙去衣。
3. 杞子、杜仲、生地黃、薑、葱段分別洗淨。
4. 將以上材料全部放入鍋內，加水適量，大火煮滾後，改用小火燉 2 小時，下鹽調味。

食用 佐餐食用，每天 1~2 次。

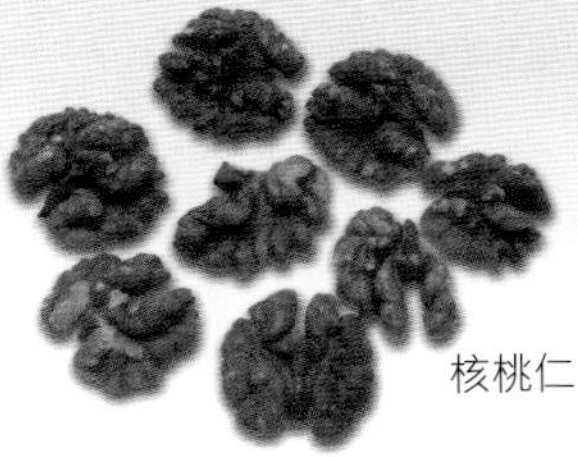
核桃仁

海帶杞子豬骨湯

【功效】補益氣血，軟堅散結

用途 適用於乳腺癌患者手術後或放療、化療中氣血不足者。

材料 海帶 100 克，豬排骨 200 克，杞子 20 克，米酒、胡椒粉、鹽各適量。

做法
1. 海帶用水泡發，洗淨，切小塊。
2. 豬排骨洗淨，斬小塊，汆水。
3. 將鍋置大火上，放油，放排骨、海帶翻炒數下，下米酒同炒片刻，加水適量，再加杞子，用小火煮熟，下胡椒粉、鹽調味即可。

食用 經常食用。

海帶

枸杞植株的形態特徵

枸杞為多分支灌木。主枝數條，粗壯，果枝細長，弓狀彎曲或俯垂，外皮淡灰黃色，有縱條紋，刺狀枝短而細，生於葉腋，長 1~4 厘米，葉互生或叢生於短枝上。葉片披針形或卵狀長圓形，長 2~8 厘米，寬 0.5~3 厘米，花腋生，花冠漏斗狀，粉紅色或深紫紅色，果實熟時鮮紅。花期 5~10 月，果期 6~10 月。

參芪杞子排骨湯

【功效】 健脾益氣，養肝補血

用途 適用於卵巢癌氣血不足者的調理。

材料 豬排骨 300 克，黨參、淮山各 18 克，杞子、桂圓肉各 15 克，黃芪 10 克，陳皮 5 克，鹽、胡椒粉各適量。

做法
1. 黃芪、黨參、淮山、杞子、陳皮（浸軟、刮去瓤）洗淨，裝入紗袋內，紮好口。
2. 排骨洗淨，斬塊，汆水。
3. 排骨與紗袋內、桂圓肉一同放入鍋中，加水適量，大火煮滾，改小火煮約 2 小時，撈出紗袋，下鹽、胡椒粉調味。

食用 食肉喝湯。每天 1 次，每次 1 碗，連食 10~15 天。

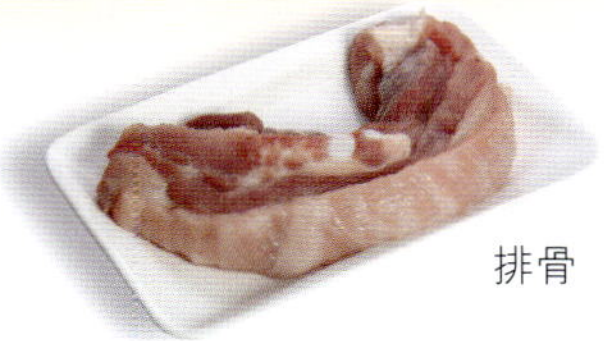

排骨

雪耳清潤湯

【功效】 潤肺止咳，補益氣血

用途 適用於肺癌患者手術後而現氣血虛弱者。

材料 雪耳、桂圓肉各 15 克，蓮子、百合各 35 克，杞子 30 克，豬排骨 300 克，乾竹笙 20 克。

做法
1. 豬排骨斬塊，洗淨，汆水。
2. 雪耳用水泡發；藥材分別洗淨。
3. 將雪耳、竹笙、蓮子、百合、桂圓肉、杞子、排骨塊一同放入鍋中，加水適量，用小火煮約 2 小時即可。

食用 每 2 天 1 次，每次 1 小碗，1 劑可食 3 次，連食 7~10 天。

雪耳

圓肉豬骨湯

【功效】養血益精，清熱滋陰

用途 適用於子宮頸癌放療化療後陰虛內熱身體衰弱者。

材料 豬脊骨連肉帶髓 500 克，桂圓肉 20 克，沙參、淮山、杞子各 10 克，生地 15 克，鹽適量。

做法
1. 將豬脊骨斬成塊，汆水，洗淨。
2. 與洗淨的桂圓肉、沙參、淮山、杞子、生地放入鍋中。
3. 加水適量，用小火燉至骨頭肉爛熟，下鹽調味。

食用 食肉喝湯。每天 1 劑，分 2~3 次食完，連食 3~5 天。

桂圓肉

鮮藕杞子排骨湯

【功效】補益氣血，健脾活血

用途 適用於氣血虛弱之胃癌患者手術後或放療、化療中，症見面色萎白，乏力等。

材料 新鮮蓮藕、豬排骨各 250 克，杞子 30 克，薑 2 片、胡椒粉、鹽各適量。

做法
1. 蓮藕洗淨，切塊。
2. 排骨切塊，汆水，洗淨。
3. 蓮藕、排骨、杞子和薑同放入砂鍋，加水適量，大火煮滾，改用小火煮至排骨爛熟，下胡椒粉、鹽調味。

食用 喝湯食肉。經常食用。

蓮藕

羅漢果潤肺湯

【功效】 健脾益氣，止咳潤肺

用途 適用於肺膿腫恢復期之咳痰不爽、口乾咽燥等。

材料 淮山、蓮子各 20 克，桂圓肉 12 克，羅漢果 ½ 個，杞子 10 克，豬排骨 300 克，鹽適量。

做法

1. 排骨斬塊，洗淨，汆水。
2. 將淮山、蓮子、桂圓肉、羅漢果、杞子分別洗淨，放入鍋中。
3. 鍋中加適量水煎煮，去渣，加入排骨，大火煮滾，改小火煮至肉爛熟，下鹽調味即可。

食用 食肉喝湯。每天 1 劑，分 2 次食完，可常食。

蓮子

靈芝杞棗煲排骨

【功效】 補益氣血，健脾開胃

用途 適用於胰腺癌氣虛脾困，消化功能障礙，症見疲乏無力，行動氣短，面色無華，動則出汗，納食低下，食入不化等。

材料 靈芝、人參鬚各 15 克，杞子、黨參各 20 克，大棗 10 顆，豬排骨 300 克，鹽適量。

做法

1. 排骨斬塊，洗淨，汆水。
2. 將靈芝、大棗、黨參、杞子、人參鬚浸入 5000 毫升水中（約 10 分鐘），撈出裝入紗袋，放煲中。
3. 煲內再加入排骨，大火煮滾，改小火燉 2 小時，撈去紗袋，下鹽調味。

食用 食肉喝湯。每天 1 次，每次 250~300 克，多餘的放入雪櫃儲存，連食 7~10 天。

靈芝

淮山杞子牛肉湯

【功效】益氣養血，調養肝腎

用途 適用於氣血虛弱，肝腎不足之前列腺癌。

材料 淮山、杞子各 15 克，牛肉 100 克，薑絲、葱茸、蒜茸、鹽、生抽各適量。

做法
1. 淮山洗淨；杞子揀去雜質，洗淨；牛肉洗淨，切片。
2. 將淮山、杞子、牛肉片放入鍋中，加薑絲、生抽及適量水，大火煮滾，改用小火燉至牛肉爛熟，加葱茸、蒜茸拌勻，下鹽調味。

食用 佐餐食用。隔天 1 次，每次 1 劑，經常食用。

杞子燉羊肉

【功效】補腎養血

用途 適用於腎陽虧虛所致的月經過少。

材料 羊腿肉 500 克，杞子 50 克，薑片、米酒、鹽、葱各適量，上湯 2000 毫升。

做法
1. 羊肉整塊用開水煮透，放冷水中洗淨，撈出，瀝乾水分，切小塊。
2. 燒熱油鍋，爆香薑片，灒米酒，倒入羊肉塊翻炒。
3. 加入杞子、上湯、葱，煮滾，去浮沫，小火燉約 1½ 小時，待羊肉熟爛，去葱、薑，下鹽調味。

食用 食肉喝湯。

羊肉

杞地補血湯

【功效】補血調經

用途 適用於月經後期屬於血虛者。

材料 熟地黃 20 克，杞子 15 克，桂圓肉 10 克，黑棗 10 顆，鹿肉 150 克，薑 1 塊，陳皮 1 角，米酒、葱各適量。

做法
1. 鹿肉洗淨，切塊。
2. 薑洗淨，拍爛；其餘材料洗淨，陳皮浸軟，去內瓤。
3. 將處理好的材料放入鍋內，加水適量，灒米酒，小火煮 2 小時，下鹽調味。

食用 飲湯吃肉。

注意事項 陰虛內熱者忌用。

熟地黃

三子明目湯

【功效】調補肝腎，健脾益氣

用途 適用於肝腎虛弱、脾氣不足之慢性肝炎。

材料 女貞子 30 克，杞子 25 克，菟絲子 15 克，白菊花 10 克，豬脹 100 克，薑 1 塊，大棗 5 顆，鹽適量。

做法
1. 豬脹洗淨。
2. 其他材料洗淨，薑拍爛。
3. 把全部材料放入鍋內，加適量水煮沸後，改小火煮 2 小時，下鹽調味。

食用 佐餐食用。

注意事項 內有濕邪者不宜食用。

女貞子

淮山杞子燉水魚

【功效】健脾益血，補益肝腎

用途 適用於脾胃虛弱者眼目昏暗、視物模糊。

材料 水魚 1 隻（重約 500 克），淮山 50 克，杞子 20 克，大棗 8 顆，薑 2 片，鹽適量。

做法
1. 淮山用溫水浸泡 30 分鐘，泡軟後洗淨。
2. 大棗去核，與杞子一同洗淨。
3. 將水魚用開水燙，使其排尿，去內臟，洗淨，切小塊。
4. 把全部材料一同放入燉盅，加開水適量，小火隔水燉 2 小時，下鹽調味。

食用 佐餐食用。

水魚

杞子水魚湯

【功效】補益肝腎，烏髮潤膚

用途 適用於頭髮花白。

材料 水魚1隻（約800克），杞子、淮山各30克，米酒、葱段、薑片、鹽各適量。

做法
1. 水魚去內臟、腳爪，入滾水汆燙，取出刮去背殼黑釉膜，剁成數塊，水魚殼可與水魚肉一同放在湯鍋內燉。
2. 淮山洗淨；杞子去雜，洗淨。
3. 砂鍋中注入適量水，放入水魚、杞子、淮山、米酒、葱段、薑片，用大火煮滾，改小火慢燉至肉熟爛，揀去葱、薑，下鹽調味。

食用 佐餐，喝湯吃肉。

杞子

杞子瘦肉燉水魚

【功效】滋陰養血，補益肝腎

用途 適用於膀胱癌手術後血虛氣弱，肝腎不足者。

材料 杞子40克，豬瘦肉150克，水魚約500克，鹽適量。

做法
1. 杞子洗淨；豬瘦肉洗淨，切小塊。
2. 水魚去內臟，洗淨，切塊。
3. 將杞子、豬肉、水魚放入砂鍋中，加水適量燉熟，下鹽調味。

食用 喝湯食肉，經常食用。

豬瘦肉

蒜杞水魚

【功效】滋陰養血，扶正抗癌

用途 適用於肺癌化療放療中體虛者。

材料 蒜頭 60 克，水魚 1 隻（約 300 克），杞子 15 克，淮山 15 克，鹽適量。

做法
1. 蒜頭去衣，洗淨，壓爛。
2. 水魚剁頭，去爪，揭去甲殼，剖腹去內臟，洗淨。
3. 把蒜頭、杞子、淮山納入水魚腹中。
4. 將水魚放入鍋中，加水適量煮沸後，改用小火燉至水魚熟透，下鹽調味。

食用 食肉及蒜頭，喝湯。每周食 1~2 次，每次 1 劑，連食 4 周。

蒜頭

靈芝水魚湯

【功效】滋陰養血，補虛抗癌

用途 適用於乳腺癌患者放療中陰虛內熱。

材料 靈芝粉 15 克，水魚 1 隻（約 500 克），杞子 20 克，薑、鹽各適量。

做法
1. 將水魚汆水，剁去頭、爪，揭去甲殼，除內臟，洗淨，切小塊。
2. 與靈芝粉、杞子一起放入砂鍋中，加薑及水適量，大火煮滾，改小火燉至水魚肉熟透，下鹽調味。

食用 每周 1 劑，分 3 次食完。

杞子作為藥品的使用

杞子的藥用功效十分廣泛，滋肝腎之陰，為平補腎精肝血之品。治療精血不足所致的視力減退、內障目昏、頭暈目眩、腰膝痠軟、遺精滑泄、耳聾、牙齒鬆動、鬚髮早白、失眠多夢以及肝腎陰虛，潮熱盜汗、消渴等證的方中，都頗為常用。可單用，或與補肝腎，益精補血之品配伍。如《壽世保元》枸杞膏單用本品熬膏服；七寶美髯丹（《積善堂方》）以之與懷牛膝、菟絲子、何首烏等品同用。因其還能明目，故尤多用於肝腎陰虛或精虧血虛之兩目乾澀、內障目昏，常與熟地、山茱萸、淮山、菊花等品同用，如杞菊地黃丸（《醫級》）。

杞子泥鰍湯

用途 適用於更年期綜合症。

材料 杞子 30 克，泥鰍 250 克，鹽、生抽、葱茸、蒜茸各適量。

做法
1. 將泥鰍用水洗淨，切段，汆水。
2. 與洗淨的杞子同置鍋內，加適量水，燉熟，下鹽、生抽、葱茸、蒜茸等，即成。

食用 佐餐食用。

【功效】補益肝腎，補中益氣

泥鰍

杞子鹿茸燉鮑魚

用途 適用於腎陰陽虛弱型低血壓症。

材料 新鮮鮑魚 1 隻，杞子 30 克，鹿茸 5 克，紅棗 4 顆，薑 2 片，鹽適量。

做法
1. 鮑魚去殼，去掉污穢粘連部分，洗淨，切片。
2. 紅棗洗淨，去核。
3. 杞子、鹿茸、薑分別洗淨，與鮑魚、大棗一同放入燉盅，加涼開水適量，蓋上燉盅蓋，放入鍋內，隔水燉 3 小時左右，下鹽調味。

食用 佐餐食用。

【功效】溫補腎陽，益陰補血

鮑魚

補腎鯉魚湯

【功效】健脾補腎，利尿消腫

用途 適用於脾腎虛弱之妊娠水腫。

材料 鯉魚 1 條（約 500 克），杜仲、杞子各 15 克，薑（帶皮）6 克。

做法
1. 將鯉魚去鱗、內臟，洗淨。
2. 杜仲、杞子、薑洗淨，包入紗袋內。
3. 所有材料共放砂鍋內，加水適量，同煮 1 小時，撈去紗袋。

食用 佐餐食用。飯前空腹吃魚喝湯。

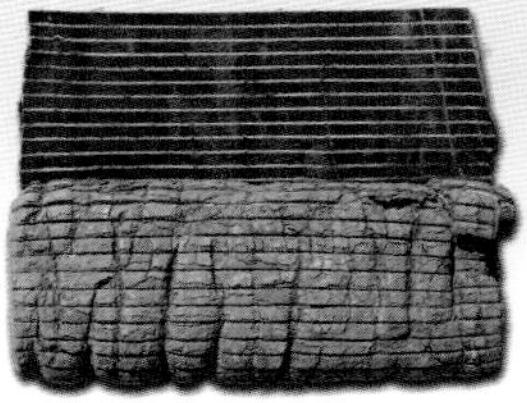

杜仲

蓮子龜苓湯

【功效】滋陰清熱，補血安胎

用途 適用於陰虛內熱之先兆流產等。

材料 蓮子 50 克，烏龜 2 隻（約 500 克），土茯苓 80 克，杞子 30 克，鹽適量。

做法
1. 將烏龜洗淨，去內臟、頭、爪，汆水，洗淨。
2. 蓮子、土茯苓、杞子洗淨。
3. 把龜（連龜甲）及其他材料一同放入鍋內，加水適量，大火煮滾後，改小火燉 2½ 小時，下鹽調味。

食用 吃龜肉、蓮子，喝湯。分次食完。

蓮子

生蠔肉杞子湯

用途 適用於陰血虛弱型失眠。

材料 生蠔肉 200 克，杞子 20 克，鹽、麻油各適量。

做法
1. 將洗淨的生蠔肉切成片，與洗淨的杞子同入砂鍋。
2. 加適量水，大火煮滾，改以小火燉至生蠔肉熟爛，下鹽、麻油，再煮片刻即成。

食用 佐餐食用。

【功效】補養陰血，寧心安神

蠔

蟲草杞子燉鮑魚

用途 適用於陰虛型肺癌。

材料 冬蟲夏草 4 克，杞子 15 克，鮑魚 60 克，鹽適量。

做法
1. 將鮑魚洗淨，熱水浸泡 3 小時，放入砂鍋內加滾水煮至熟軟。
2. 蟲草、杞子洗淨，與鮑魚同放入燉盅內燉熟，下鹽即可。

食用 吃肉喝湯。每天 1 劑，連食 5 劑。

【功效】補益肺腎，潤肺滋陰

冬蟲夏草

淮山杞子燉田雞

【功效】益氣養血，調補肝脾

用途 適用於氣血虛弱之小兒營養不良。

材料 田雞 3 隻，淮山 12 克，杞子 10 克，薑 1 片，鹽適量。

做法
1. 田雞去皮、腸臟、頭、爪，洗淨，斬件。
2. 淮山洗淨，水浸 ½ 小時；杞子、薑洗淨。
3. 以上材料放入燉盅，加開水適量，燉盅加蓋，隔水小火燉 2 小時，下鹽即可。

食用 佐餐食用。

田雞

平菇杞子茯苓湯

【功效】健脾養肝，祛濕消脂

用途 適用於肝脾不和之脂肪肝。

材料 平菇 100 克，杞子 25 克，茯苓 15 克，上湯、鹽各適量。

做法
1. 平菇、杞子、茯苓分別洗淨，平菇切片。
2. 將三者共置砂鍋內，加入上湯，煮至湯滾，下鹽即成。

食用 飲湯，食平菇、杞子。

茯苓

杞子馬蹄豆腐湯

【功效】消脂減肥，健身美容

用途 適用於高脂血。

材料 杞子 15 克，馬蹄 100 克，豆腐 200 克，黑木耳 20 克，葱、薑、蒜、鹽、麻油各適量。

做法
1. 馬蹄洗淨，去皮，切片；豆腐洗淨，切小丁。
2. 黑木耳泡發，擇洗淨，切塊；杞子洗淨，泡發。
3. 葱、薑、蒜分別去皮，洗淨，均切茸。
4. 炒鑊內加油，燒至五成熱，爆香葱、薑、蒜，加水適量，放豆腐、黑木耳、馬蹄、杞子，煮至熟，下鹽、麻油，調味即成。

食用 佐餐食用。

馬蹄

杞子雪耳湯

【功效】養陰補腎，益肝明目，潤肺生津

用途 適用於前列腺癌體弱患者。

材料 杞子 5 克，雪耳 15 克，冰糖、雞蛋白各適量。

做法
1. 杞子、雪耳洗淨。
2. 雞蛋白打勻。
3. 將杞子、雪耳放入鍋中，加水適量，用小火煮滾，加冰糖、雞蛋白煮滾後，撇去浮沫，稍煮片刻即可。

食用 趁熱食用，經常食吃。

雪耳

杞子蓮子羹

【功效】補益五臟

用途 適用於氣血虛弱型腎小球腎炎之急性發作。

材料 杞子 15 克，蓮子 100 克，砂糖適量。

做法
1. 杞子、蓮子分別去雜，洗淨，用水泡發。
2. 砂鍋內加水適量，放入蓮子煮滾，改用小火煮熟，加杞子、砂糖煮滾即成。

食用 每天 2 次，溫熱服食。5~7 天為 1 個療程。

蓮子

杞子靈芝腐皮湯

【功效】健脾養胃，扶正抗癌

用途 適用於乳腺癌，症見胃口不開，不思飲食。

材料 杞子 20 克，靈芝粉 15 克，水發冬菇 30 克，番茄 60 克，豆腐皮 60 克，上湯 1000 毫升，麻油、鹽各適量。

做法
1. 豆腐皮在熱水中浸軟，撈出，切絲；水發冬菇去蒂，切細絲；番茄切片。
2. 將砂鍋放大火上，加入上湯煮滾。
3. 再放靈芝粉、杞子、番茄、冬菇絲煮熟，淋麻油，下鹽調味。

食用 經常食用。

靈芝

車厘子杞子桂圓湯

【功效】補血養心，養肝明目

用途 適用於血虛型風濕性心臟病。

材料 桂圓肉、杞子各 10 克，鮮車厘子 30 克，砂糖適量。

做法
1. 桂圓肉、杞子洗淨，加水適量，煮至充分膨脹。
2. 放入洗淨的鮮車厘子，煮滾，下砂糖調味，即成。

食用 吃桂圓肉、杞子、車厘子，飲湯。

車厘子

紫菜蘿蔔杞葉湯

【功效】養陰平肝，化痰散結

用途 適用於陰虛陽亢型甲狀腺功能亢進。

材料 白蘿蔔 200 克，紫菜 20 克，嫩枸杞葉 30 克，鹽適量。

做法
1. 枸杞葉反覆洗淨。
2. 蘿蔔洗淨，去皮，切塊，入鍋中加水煮熟。
3. 再加入枸杞葉、已發好的紫菜煮滾後，下鹽即可。

食用 佐餐食用。

白蘿蔔

粥品

二子桂圓粥

用途 適用於頭髮花白。

材料 杞子、桂圓肉、女貞子、生地黃、仙靈脾各 20 克，粳米 100 克，砂糖適量。

做法
1. 藥材洗淨，入鍋，加2000毫升水煎至1000毫升，取汁。
2. 另將洗淨的粳米入鍋，加適量水煮粥至八成熟，加入藥汁，再稍煮滾，調入砂糖。

食用 每天服 1 次，分數次食用。

【功效】滋補肝腎，明目潤膚

山楂杞子大棗粥

用途 適用於脾胃不和、肝腎不足之月經過少者。

材料 山楂、杞子、大棗（去核）各 30 克，大米 100 克。

做法
1. 材料洗淨。
2. 一同放入鍋中，加適量水，煮粥。

食用 月經前每天 1 劑，連食 5 劑。

【功效】健脾和胃，調養肝腎

大棗

生地杞子粥

用途 適用於陰虛火旺之月經先期患者。

材料 鮮生地、杞子各 30 克，大米 100 克，砂糖適量。

做法
1. 生地、杞子分別洗淨。
2. 與洗淨的大米一同放入鍋中，加水煮粥，大火煮滾，改小火煮至米開花，加砂糖調味。

食用 早、晚餐食用。

【功效】清熱降火調經

生地

地骨皮竹葉杞子粥

【功效】清肺涼血

用途 適用於肺癌，症見陰虛發熱，咯血，燥咳。

材料 地骨皮（枸杞根）30 克，竹葉 12 克，杞子 15 克，大米 60 克。

做法
1. 地骨皮、竹葉洗淨，放入鍋中，加適量水煎煮 30 分鐘，去渣。
2. 加入洗淨的大米、杞子，煮成稀粥，即可。

食用 每次 1 劑，分早、晚 2 次食完，連食 5~7 天。

竹葉

地骨皮粥

【功效】養陰退熱

用途 適用於陰虛內熱型慢性肝炎。

材料 乾地骨皮 30 克（鮮者 50 克），杞子 10 克，大米 50 克，冰糖適量。

做法
1. 地骨皮洗淨，放入鍋中，加適量水煎湯，去渣留汁。
2. 加入洗淨的大米、杞子、冰糖和適量水，用小火煮成粥即成。

食用 每天分早、晚 2 次，溫熱食用。

注意事項 中焦虛寒者不宜食用。

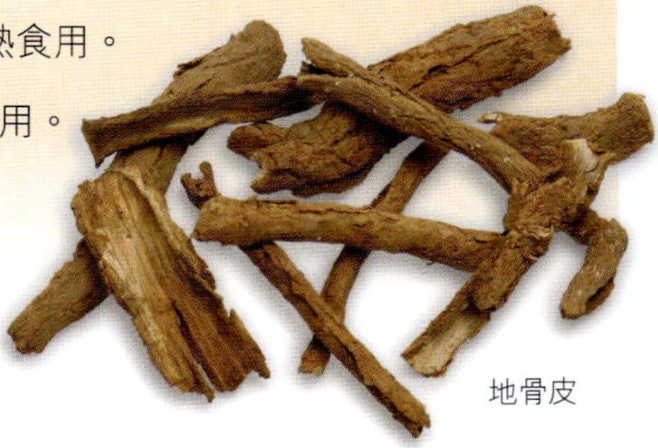

地骨皮

旱蓮杞子粥

【功效】補腎益肝，養陰補血

用途 適用於頭髮花白。

材料 旱蓮草、菟絲子各 15 克，五味子 10 克，女貞子、杞子各 20 克，粳米 100 克，冰糖適量。

做法
1. 將前五種材料用水浸泡 20 分鐘，去沫。
2. 再放入鍋中，先用大火煎滾，再用小火煎汁，去渣。
3. 與洗淨的粳米一同煮成粥，加冰糖調味。

食用 每天食 1 劑，分數次食用。

女貞子

杞子地黃粥

【功效】滋補肝腎，健脾和胃

用途 適用於肝腎陰虛型中風後遺症。

材料 杞子、乾地黃各 15 克，薑汁少許，大米 50 克，紅糖適量。

做法
1. 杞子、乾地黃、大米洗淨。
2. 大米入鍋，加水適量，小火煮成稀粥。
3. 粥將熟時加入杞子、地黃、薑汁，再煮三滾即成，加紅糖調味。

食用 早、晚分食。

地黃

杞子芝麻粥

【功效】補益肝腎，健脾養血

用途 適用於慢性腎炎患者尿少，面色萎黃，神疲的肝脾不足、氣血虧虛證。

材料 杞子30克，黑芝麻15克，大棗（去核）10顆，大米60克。

做法
1. 杞子、黑芝麻、大棗、大米均洗淨。
2. 一起放入鍋內，加水適量，置大火上煮滾，再用小火煮熟即成。

食用 可作早、晚餐食用，可常食之。

注意事項 脾虛痰濕盛者忌用。

黑芝麻

杞子麥冬粥

【功效】滋補肝腎

用途 適用於肝腎不足的糖尿病等。

材料 杞子、花生仁各30克，麥冬10克，大米50克，黃糖適量。

做法
1. 杞子、麥冬洗淨，放入鍋內，加適量水煎煮，去渣取汁。
2. 放入洗淨的花生仁、大米煮粥，粥熟後調入少量的黃糖，稍煮即可。

食用 供早、晚餐服，7~10天為1個療程，隔3~5天再食。

麥冬

枸杞的藥用部位、性味歸經及功用

中國醫學認為枸杞全身是寶，但主要藥用部分有：

* 地骨皮：為枸杞乾燥的根皮，性寒、味甘，歸肺、肝、腎經，具有涼血除蒸，清肺降火的功效。
* 杞子：為枸杞乾燥成熟的果實，性平、味甘，歸肝腎經，具有滋補肝腎，益精明目的功效。

杞子黑米粥

【功效】 養陰補血

用途 適用於子宮頸癌手術後或放療、化療期間陰虛發熱、血虛者。

材料 黑米 100 克，杞子 50 克，北沙參 15 克（研末），陳皮 5 克，大米 60 克，砂糖少量。

做法
1. 黑米、杞子、陳皮、大米分別洗淨。
2. 陳皮浸軟，刮去瓤。
3. 一同放入鍋中，加水適量，用小火煮粥，粥熟加砂糖即可。

食用 每天 1 劑，早餐溫食，連食 7~10 天。

黑米

杞子葉芹菜粥

【功效】 清肝瀉火，平肝降壓

用途 適用於肝火上炎之動脈粥樣硬化、高血壓、冠心病等。

材料 嫩枸杞葉 30 克，鮮芹菜 60 克，大米 80 克，鹽適量。

做法
1. 芹菜洗淨，切碎。
2. 枸杞葉反覆洗淨。
3. 將洗淨的大米放入砂鍋，加適量水，煮為粥，再下芹菜、杞子葉煮滾，下鹽調味。

食用 早、晚分食。

枸杞葉

杞子豬膶粥

【功效】補肝明目，益氣養血

用途 適用於氣血不足之慢性肝炎。

材料 豬膶 100 克，杞子 15 克，大米 100 克，葱、薑、生抽、麻油、鹽各適量。

做法
1. 豬膶洗淨，切片；葱洗淨，切茸；薑洗淨，切細茸。
2. 把豬膶、薑茸同放碗內，加生抽拌勻。
3. 將洗淨的大米、杞子按常法煮粥，粥將熟時放入豬膶，稍煮片刻，放入麻油、葱茸、鹽，即成。

食用 早、晚分食。

杞子龜甲粥

【功效】補益肝腎

用途 適用於腎陰不足型骨質疏鬆症。

材料 杞子、玉竹各 9 克，龜板膠 15 克，大棗（去核）10 顆，大米 60 克。

做法
1. 杞子、玉竹、大棗分別洗淨。
2. 共入鍋中，加適量水，用大火煮滾，去渣取汁，趁熱沖龜甲膠。
3. 與洗淨的大米同入鍋中，大火煮滾，改用小火煮成稠粥，即成。

食用 早、晚分食。

玉竹

杞子鹹豆豉粥

【功效】調補肝腎，益氣養陰

用途 適用於肝腎不足，氣陰兩虛之慢性肝炎。

材料 杞子（乾品用量減半）50 克，大米 60 克，鹹豆豉適量。

做法
1. 杞子洗淨，入適量水中，煎煮片刻，去渣取汁。
2. 再加入洗淨的大米，煮成粥，佐以鹹豆豉。

食用 代作早餐或晚餐，佐以鹹豆豉，經常食之。

鹹豆豉

杞菊地黃粥

【功效】滋補肝腎，疏風清熱

用途 適用於肝腎不足，風熱上擾之經行頭痛。

材料 杞子 20 克，熟地黃 15 克，菊花 10 克，大米 100 克。

做法
1. 杞子、熟地黃、菊花分別洗淨。
2. 杞子、熟地黃加水先煎，後下菊花，取藥汁與洗淨的大米共煮成稀粥。

食用 每天食 1 劑，溫熱食用。

菊花

沙參杞子粥

【功效】養陰清熱，理氣止痛

用途 適用於陰虛氣鬱之慢性肝炎。

材料 沙參 15 克，杞子 20 克，玫瑰花 5 克，大米 100 克，砂糖適量。

做法
1. 沙參、杞子、玫瑰花和大米分別洗淨。
2. 煎沙參取其汁液，與大米、杞子同煮成粥。
3. 待粥快熟，將玫瑰花切細加稍煮片刻，調以適量的砂糖即成。

食用 每天食 1~2 次，可連食半個月至 1 個月。

注意事項 咳嗽痰多者忌食。

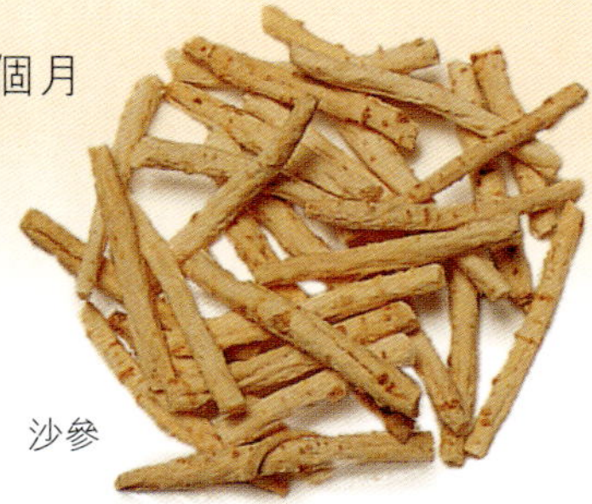
沙參

花生杞貝粥

【功效】 潤肺化痰，止咳平喘

用途 適用於咳痰不爽，口乾咽燥之肺結核等。

材料 杞子 15 克，花生仁 50 克，川貝母 10 克，大米 100 克，冰糖適量。

做法
1. 川貝母除去雜質，洗淨。
2. 大米洗淨，和花生仁、杞子、川貝母一起放入鍋內，加水適量，大火煮滾，改小火煮 40 分鐘，加冰糖溶解即成。

食用 每天 1 劑，早餐食用。

花生

阿膠杞子粥

【功效】 養陰補血

用途 適用於子宮內膜癌術後貧血。

材料 阿膠、杞子各 20 克，大米 60 克。

做法
1. 大米、杞子洗淨，加適量水煮粥。
2. 熟後加阿膠使其溶化，再煮 2~3 分鐘即成。

食用 每天 1 次，15 天為 1 個療程。可長期食用。

阿膠

核桃杞子粥

【功效】養陰補腎

用途 適用於腎虛之更年期綜合症。

材料 核桃仁 50 克，杞子 15 克，大米 100 克。

做法
1. 將核桃仁搗碎。
2. 與洗淨的大米、杞子一同入鍋，加適量水，用大火煮滾後轉用小火煮成稀粥。

食用 早、晚餐食用。

核桃仁

桂圓杞子粥

【功效】補益腎肝，養血安神

用途 適用於陰血虛弱之子宮頸癌患者，症見面色無華，頭暈乏力，失眠健忘，心悸等。

材料 桂圓肉 20 克，杞子 20 克，大米 150 克，陳皮 1 角，砂糖適量。

做法
1. 將桂圓肉、杞子分別洗淨。
2. 陳皮浸軟，刮去瓤，洗淨。
3. 上述材料與洗淨的大米放入鍋中，加適量水煮成稀粥，加砂糖攪勻，即可。

食用 每天 1 劑，早、晚溫食，連食 5~7 天。

桂圓肉

杞子的美容神話

有中醫師言說：「杞子悅容增顏，祛斑潤膚，減肥」。杞子可以令因為陰血不足而引致的皮膚乾燥和毛髮枯萎者，得到很大的改善。所以，如果發現自己皮膚乾燥，頭髮如枯草，要先查原因，對症下藥。

栗子杞子淮山粥

【功效】健脾胃，益肝腎

用途 適用於脾胃虛弱者耳聾、視物不清。

材料 鮮淮山 150 克，栗子肉、紅蘿蔔各 50 克，粳米、小米、核桃仁各 30 克，乾冬菇 10 克，杞子 5 克，麻油、鹽各適量。

做法
1. 栗子肉洗淨，切碎；鮮淮山洗淨，去皮，切圓片；紅蘿蔔洗淨，切丁；杞子泡軟，洗淨；乾冬菇泡好，切小塊。
2. 米洗淨，下鍋，倒入泡冬菇的原汁，加適量水，用小火煮至半熟時，加淮山片、栗子肉、冬菇、紅蘿蔔丁、核桃仁繼續以小火燉煮。
3. 待粥中材料大部分熟爛時，加杞子，淋麻油，下鹽調味。

食用 當早餐或晚餐食用。

鮮淮山

益腎補腦粥

【功效】補益肝腎，健腦益智

用途 適用於肝腎不足、髓海空虛型血管性痴呆。

材料 芝麻、杞子各 20 克，核桃仁、葡萄乾各 15 克，大米 60 克，蜂蜜適量。

做法
1. 芝麻、杞子、核桃仁、葡萄乾洗淨。
2. 與洗淨的大米同入鍋中，加適量水，用大火煮滾，改小火煮成稠粥，待粥轉溫，調入蜂蜜即成。

食用 早、晚分食。

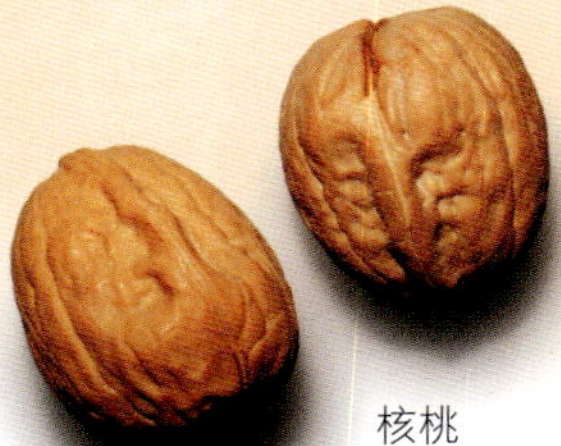

核桃

參杞粥

【功效】益氣養血

用途 適用於氣血虛弱之原發性肝癌。

材料 生曬參或花旗參 6 克（切末），杞子 15 克，大米 75 克。

做法
1. 材料分別洗淨。
2. 放入砂鍋，加水適量，煮成粥。

食用 早、晚餐食用。

參苓杞子粥

用途 適用於早期肺癌病人，症見氣血兩虛、脾虛濕蘊者。

材料 黨參、薏苡仁各 15 克，茯苓、杞子各 12 克，大米 60 克，薑 2 片，大棗 30 克，通草 2 克，冰糖適量。

做法
1. 黨參、茯苓、通草分別洗淨。
2. 放入鍋中，加適量水，煮滾 30 分鐘，去渣。
3. 加入洗淨的大米、大棗（去核）、杞子、薏苡仁、薑片，煮成稀粥，再加冰糖煮融。

食用 每天 1 劑，早、晚各 1 次，連食 7~10 天。

【功效】益氣養血，健脾祛濕

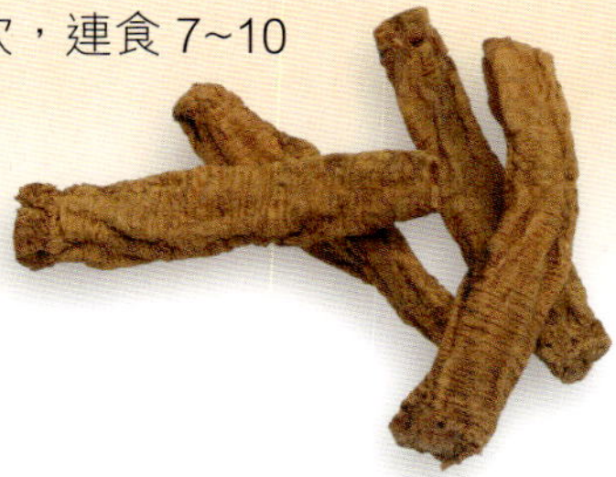

黨參

參麥杞子粥

用途 適用於早期肺癌陰虛發熱者。

材料 北沙參、麥冬各 12 克，杞子 15 克，大米 60 克。

做法
1. 北沙參、麥冬、杞子、大米分別洗淨。
2. 放入鍋中，加水適量，煮成稀粥。

食用 每天早、晚各 1 次，每次 1 劑，連食 5~7 天。

【功效】清熱養陰

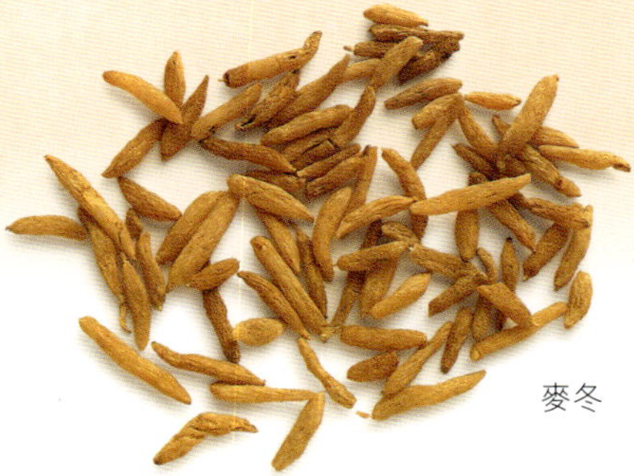

麥冬

陳皮杞子粟米粥

【功效】理氣降脂，滋補肝腎

用途 適用於肝鬱氣滯型脂肪肝。

材料 陳皮、杞子各 15 克，粟米 100 克。

做法
1. 陳皮洗淨，曬乾或烘乾，研成細粉。
2. 將杞子、粟米分別洗淨，同放入砂鍋，加適量水，大火煮滾，改小火煮 30 分鐘。
3. 待粟米酥爛、粥將成時，調入陳皮細粉，拌勻，再用小火煮至滾。

食用 早、晚分食。

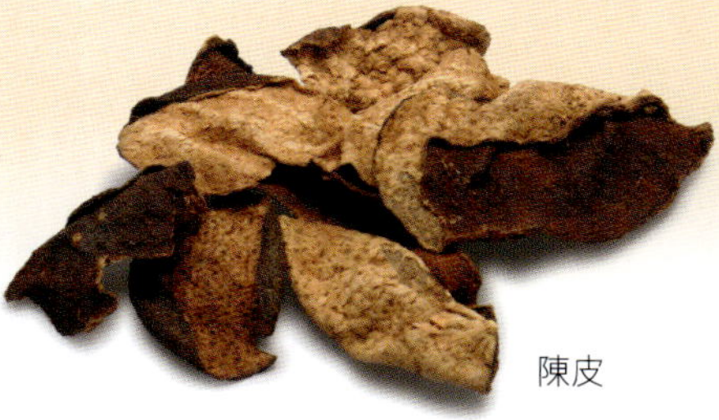

陳皮

棗杞粥

【功效】補益肝腎，寧心安神

用途 適用於肝腎陰虛而見睡眠欠佳之肝硬化。

材料 酸棗仁 30 克，杞子 15 克，大米 100 克，冰糖適量。

做法
1. 酸棗仁、杞子、大米分別洗淨。
2. 放入砂鍋，加適量水，用小火煮至米爛粥稠，調入冰糖，略煮即成。

食用 早、晚分食。

酸棗仁

菊花杞子粥

【功效】養肝明目

用途 適用於肝陰血虛型慢性肝炎。

材料 鮮杞子 200 克，菊花 10 克，大米 100 克，豬瘦肉碎 50 克，豆豉汁、麻油、鹽各適量，紅糖少許。

做法
1. 杞子揀洗乾淨。
2. 大米洗淨，放入砂鍋，加適量水，用小火煮至米粒開花。
3. 加豬肉碎、豆豉汁、杞子、菊花、鹽、麻油，稍煮後便可食用，可調入紅糖。

食用 早、晚溫熱食用。

菊花

蓮子薏苡仁杞子粥

【功效】健脾益肝

用途 適用於肝脾兩虛之月經先期。

材料 蓮子肉、薏苡仁（薏米）各 15 克，杞子 9 克，大米適量。

做法
1. 蓮子肉、薏苡仁、杞子分別洗淨。
2. 與洗淨的大米一同放入鍋中，加適量水煮粥，先用大火煮滾，再改小火熬煮。

食用 早、晚餐食用。

薏苡仁

三子雞翼

【功效】健脾補腎，收斂止瀉

用途 適用於脾腎虛弱型慢性腹瀉。

材料 雞翼10隻，栗子250克，蓮子50克，杞子30克，葱、薑、生抽、胡椒粉、生粉、麻油、鹽各適量。

做法
1. 栗子去殼，洗淨；蓮子浸軟，去芯，洗淨；杞子洗淨。
2. 雞翼洗淨，用生抽略醃，入油鍋炸呈金黃色，撈起。
3. 起油鑊，爆香葱、薑，加適量水、生抽、胡椒粉，煮滾後放入雞翼、蓮子、栗子、杞子，小火煮熟，生粉芶芡，淋麻油，下鹽即可。

食用 佐餐食用。

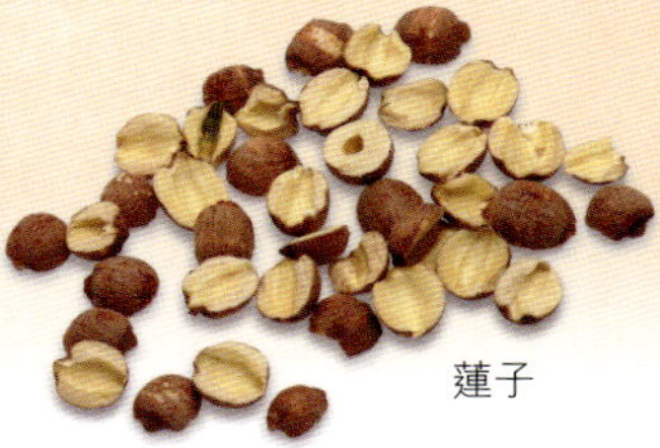
蓮子

五元雞

【功效】養陰益精，補益氣血

用途 適用於甲狀腺癌手術後或放療、化療後氣血虛弱者。

材料 雞項1隻（約500克），桂圓肉、蓮子、杞子各15克，大棗（去核）15顆，生地20克，薑、米酒、鹽各適量。

做法
1. 雞項去內臟，洗淨。
2. 與洗淨的桂圓肉、蓮子、生地、大棗同放入燉盅，加薑、米酒及適量水，上籠蒸90分鐘，再加洗淨的杞子蒸5分鐘，下鹽即可。

食用 經常食用。

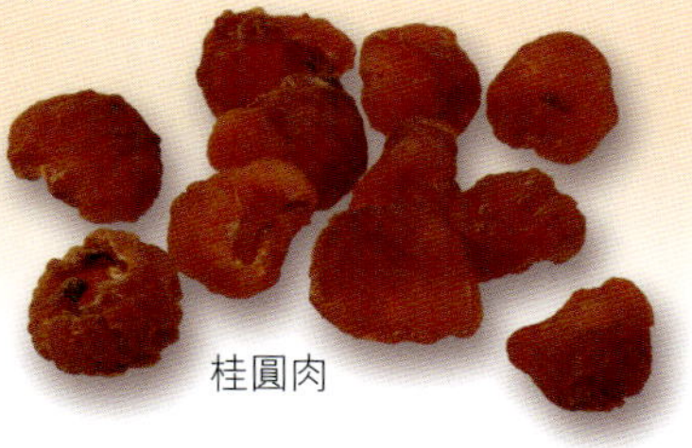
桂圓肉

杞子阿膠雞

【功效】養陰潤肺，止咳止血

用途 適用於乾咳少痰，時咳血痰之肺結核等。

材料 母雞1隻，杞子、川貝母、藕節、白芨各20克，天冬15克，上湯800毫升，葱、薑、鹽各適量。

做法
1. 葱洗淨，切段；薑洗淨，去皮，切片。
2. 雞去內臟，洗淨。
3. 杞子、川貝母、天冬、藕節、白芨洗淨，與葱、薑一起裝入雞腹，把雞放入大碗內，放鹽，倒上湯，將大碗放入蒸籠，大火蒸1小時，即成。

食用 既可佐餐食用，又可單食，酌量食用。

川貝母

核桃杞子雞丁

【功效】溫補脾腎

用途 適用於脾腎陽虛、水濕浸漬型慢性肺源性心臟病。

材料 雞胸肉350克，核桃仁15克，杞子10克，上湯100毫升，雞蛋白2隻，薑片、葱茸各5克，胡椒粉、生粉水、麻油、砂糖、鹽各適量。

做法
1. 核桃仁去皮；杞子洗淨；雞肉洗淨，切丁。
2. 雞肉丁加鹽、胡椒粉、砂糖、蛋白、生粉水，拌勻。
3. 起油鍋，下核桃仁炸至微黃，撈起。
4. 把處理好的雞肉丁倒入油鍋，快速翻炒，下薑、葱，倒上湯，快速翻炒，放核桃仁、杞子炒勻，淋麻油，即成。

食用 佐餐食用。

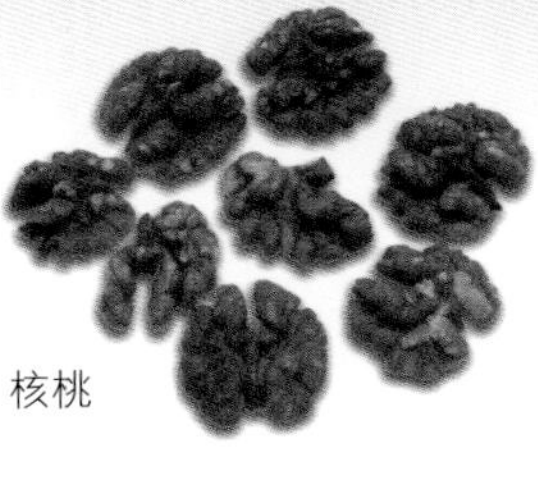

核桃

栗子杞子蒸雞

【功效】益氣潤肺，止咳平喘

用途 適用於氣陰虛弱之慢性支氣管炎等。

材料 光雞 1 隻，栗子 100 克，杞子 30 克，鹽適量。

做法
1. 栗子去殼及皮，切開；杞子洗淨。
2. 雞去腸臟，洗淨，置碗內，雞身內外塗抹適量鹽，稍醃。
3. 碗內再加栗子和杞子，上籠蒸約 40 分鐘，至雞肉熟透，即成。

食用 佐餐食用。

栗子炙百部杞子蒸雞

用途 適用於氣陰虛弱之肺結核。

材料 光雞 1 隻（重約 500 克），栗子 100 克，炙百部 10 克，杞子 30 克，鹽適量。

做法
1. 栗子去殼及皮，切開。
2. 杞子洗淨。
3. 雞去內臟，洗淨，置碗內，加栗子和杞子，上籠蒸約 40 分鐘，至雞肉熟透，下鹽即成。

食用 佐餐食用。不拘量，宜常食用。

【功效】益氣潤肺，止咳平喘

炙百部

芪杞蒸乳鴿

用途 適用於前列腺癌，而有氣血虛弱者。

材料 乳鴿 1 隻，黃芪、杞子各 30 克，葱、薑、米酒、胡椒粉、鹽、上湯各適量。

做法
1. 鴿子去爪、內臟，洗淨，氽水。
2. 葱洗淨，切段；薑洗淨，切片；黃芪用濕布擦淨後切薄片；杞子洗淨。
3. 黃芪、杞子放入鴿子腹內，鴿子腹部向上放大碗內，擺上葱、薑，加上湯、米酒、胡椒粉，加蓋蓋好，上籠蒸約 2 小時，揀出薑、葱，下鹽即可。

食用 佐餐食用。

【功效】益氣養血，利水消腫

黃芪

桂圓肉杞子蒸鴿蛋

【功效】養陰潤肺

用途 適用於乾咳少痰，咽燥口渴之肺炎恢復期調養。

材料 鴿蛋 2 隻，桂圓肉 6 克，杞子 6 克，冰糖適量。

做法
1. 鴿蛋去殼，打勻，置大碗內，加適量水。
2. 杞子、桂圓肉洗淨，一同放入鴿蛋碗內，加冰糖，隔水蒸熟即可。

食用 佐餐食用。

桂圓肉

十穀杞子肉丸

【功效】改善膚色，活化血管，預防心血管疾病

用途 適用於代謝功能紊亂、膚色暗沉、暗瘡等。

材料 免治豬肉 200 克，十穀 ⅓ 杯，杞子 2 湯匙，麵包糠 3 湯匙，雞蛋 1 隻，鹽、胡椒粉各適量。

做法
1. 將十穀以 1 杯水浸約 2 小時，瀝乾，拌入杞子。
2. 免治豬肉放大碗內，加麵包糠、蛋液、鹽、胡椒粉拌勻，分成 16 份，搓成肉丸，蘸上十穀及杞子，將肉丸逐一包捏成形，鋪排碟上。
3. 隔水猛火蒸 15 分鐘，熄火再焗 5 分鐘，即成。

食用 佐餐食用。

十穀

＊十穀在超級市場有售。

貞杞豬腯

【功效】養肝補腎，滋陰補虛

用途 適用於肝腎不足之大腸癌。

材料 女貞子 30 克，杞子 35 克，豬腯 200 克，葱、薑、砂糖、鹽、生粉水各適量。

做法
1. 女貞子、杞子洗淨，用紗袋包好，加水煎煮 30 分鐘，撈去紗袋留汁。
2. 豬腯洗淨，用竹籤刺小孔，下入藥汁，煮 1 小時，撈出豬腯，切薄片。
3. 燒熱油鑊，爆香葱、薑，下豬腯片，加鹽、砂糖、原藥汁湯煮滾，勾芡，使湯汁透明，即成。

食用 佐餐食用。

女貞子

首烏豬腯片

【功效】調養肝腎，益精烏髮

用途 適用於頭髮乾枯、早白、早脫。

材料 製首烏 60 克，杞子 15 克，豬腯片 200 克，青瓜 200 克，鹽適量。

做法
1. 製首烏粉碎為粉末，加水 300 毫升熬至約 100 毫升濃汁，放入豬腯片泡 3 小時。
2. 青瓜洗淨，切片；杞子洗淨，發好。
3. 燒熱油鑊，放豬腯片過油。
4. 另燒熱油鑊，爆香葱、薑茸，倒入青瓜片、少許首烏濃汁、豬腯片、杞子，快速翻炒 3~5 分鐘，下鹽即成。

食用 每周宜食用 2~3 次。

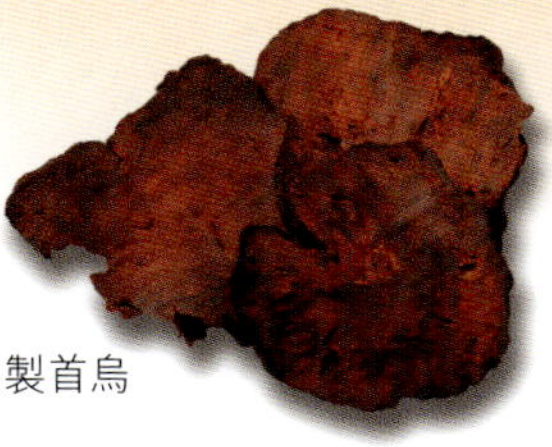
製首烏

五彩杞子魚柳卷

【功效】養肝明目

用途 適用於陰血不足之慢性肝炎。

材料 杞子 3 湯匙，魚柳 3 條，粟粉、各適量，料酒 4 湯匙。

做法
1. 杞子先用水浸約 5 分鐘，瀝乾。
2. 魚柳從中間垂直切開成兩塊，再用刀從旁切開攤平，放上適量杞子，捲起成魚卷。
3. 將魚卷蘸上粟粉。
4. 燒熱油鑊，將魚卷接口向下，煎約 2 分鐘，灒酒，加蓋，煮至酒蒸發，魚熟即成。

食用 佐餐食用。

杞子大棗蒸鯽魚

【功效】調養肝腎，健脾祛濕

用途 適用於肝脾腎虛型慢性腎炎及腎病綜合症，見有饑而不食、氣血不足、精神倦怠、水腫、小便不利等。

材料 鮮鯽魚 1 條（約 250 克），杞子 25 克，大棗 10 顆，葱茸、薑茸、上湯、鹽各適量。

做法
1. 杞子、大棗分別揀去雜質，洗淨，大棗去核。
2. 鯽魚去鱗、鰓及內臟，入滾水燙一下，用溫水略洗。
3. 將杞子、大棗納入魚腹，放入蒸碗，加上湯、葱茸、薑茸及少許鹽，入籠屜，用大火蒸 20 分鐘即成。

食用 佐餐食用。

杞子燜牛肉

【功效】滋補肝腎，補氣益血

用途 適用於腎癌手術及化療後肝腎不足，氣血虛弱。

材料 杞子 30 克，牛肉 200 克，薑絲、葱白、蒜茸、油、鹽、生抽、胡椒粉各適量。

做法
1. 杞子洗淨，瀝乾水分。
2. 牛肉洗淨，切小塊，用薑絲、葱白、蒜茸、油、生抽拌勻，醃漬。
3. 燒熱油鑊，下牛肉略炒至轉色，再加杞子和水適量，上蓋，用小火燜至牛肉熟透，撒入胡椒粉、鹽即可。

食用 佐餐常食。

鮮杞子

靈芝杞子煮牛肉

【功效】滋陰養血，扶正抗癌

用途 適用於乳腺癌，兼見貧血，營養不良者。

材料 杞子 15 克，靈芝 9 克，牛肉 200 克，葱、蒜、薑、鹽各適量。

做法
1. 牛肉洗淨，切片；杞子、靈芝洗淨。
2. 把杞子、靈芝放入砂鍋，加適量水，煮滾。
3. 加入牛肉煮熟，再加葱、薑、蒜煮滾片刻，撈出靈芝，下鹽調味。

食用 每天 1 劑，1 次食完，連食 3~5 天。

淮山杞子羊肉

【功效】溫腎壯陽，補中益氣，滋養五臟

用途 適用於脾腎虛弱之耳鳴耳聾、視物模糊。

材料 羊肉 200 克，淮山 150 克，杞子 2 湯匙，鹽 4 克，葱薑汁 100 克，上湯 1000 毫升，葱茸、薑茸各 10 克。

做法
1. 羊肉洗淨入鍋，加葱薑汁、上湯、鹽、米酒煮熟，取出切塊。
2. 淮山洗淨，去皮，切成厚圓段。
3. 燒熱油鑊，下葱茸、薑茸，加羊肉及原汁，下淮山塊、鹽、杞子燒透，起鍋將羊肉裝碟中，圍上淮山塊，擺上杞子即成。

食用 佐餐食用。

杞子酒的保健功用

- 杞子酒既可單獨飲用又可配餐，菜餚以清淡或海鮮為最佳。
- 杞子酒通常分為乾型和半甜型，飲用時留香越長，酒的質量越好：乾型杞子酒為餐桌上的調養酒，飯前飲最好，開胃、利口、不含糖，含有多種保健營養成分。糖尿病患者飲用乾型杞子酒是最佳的低度保健調養酒。半甜型杞子酒加少量冰塊口味更爽，最好是餐飲或睡前飲，睡前飲可改善睡眠，杞子的營養保健成分也會更好地吸收。
- 最佳溫度是 5~15℃，最佳飲用量為 50~200 毫升，最佳酒度為 12~18℃。

冬菇炒杞葉

【功效】益氣力，生津液，抗腫瘤

用途 適用於原發性肝癌、食管癌、胃癌、肺癌、大腸癌等。

材料 鮮枸杞葉 250 克，冬菇 50 克，黃糖、鹽、麻油各適量。

做法
1. 枸杞葉去硬梗，洗淨。
2. 冬菇浸軟，去蒂，洗淨，切絲。
3. 燒熱油鑊，下冬菇絲略炒，加枸杞葉，翻炒片刻，加鹽、黃糖拌勻，上碟。

食用 佐餐食用。

枸杞葉

生炒枸杞葉

【功效】清熱養陰，降壓降脂

用途 適用於陰虛火旺型心律失常。

材料 枸杞葉 250 克，冬筍 50 克，水發冬菇 50 克，黃糖 6 克，鹽適量。

做法
1. 枸杞葉擇洗淨。
2. 冬筍、冬菇洗淨，切細絲。
3. 燒熱油鑊，筍絲、冬菇絲放入鍋內，略炒，下枸杞葉，翻炒數下，加黃糖、鹽略炒，即可。

食用 佐餐食用。

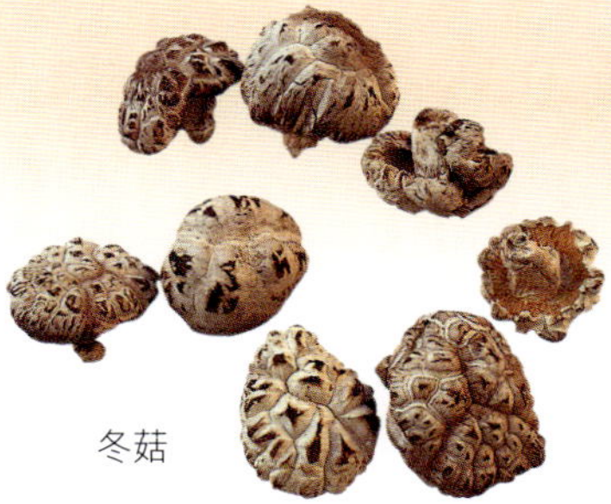

冬菇

參芪猴頭菇

【功效】健脾益氣，扶正抗癌

用途 適用於食管癌，症見體虛瘦弱，中氣不足。

材料 黨參 12 克，黃芪 6 克，杞子 15 克，猴頭菇 30 克，油、鹽各適量。

做法
1. 黨參、黃芪、杞子洗淨。
2. 放入鍋中，加水 2000 毫升，用小火煎煮 30 分鐘，約剩 1000 毫升藥汁時，去藥渣。
3. 加入洗淨的猴頭菇煮熟，再下油、鹽調味即可。

食用 每天 1 劑，分早、晚 2 次食完，連食 5~7 天。

黨參

蘑菇杞子燜豆腐

【功效】清熱養陰，補益肝腎，健脾益氣

用途 適用於早期肝癌，症見低熱，食慾不振。

材料 鮮蘑菇 100 克，豆腐 250 克，杞子 20 克，薑絲、葱白、蒜茸各 5 克，鹽、黃糖、生抽各適量。

做法
1. 鮮蘑菇、豆腐、杞子洗淨。
2. 燒熱油鑊，炒香薑絲、葱白、蒜茸，加蘑菇炒片刻。
3. 再加杞子、生抽及少許水，燜一會兒，加黃糖、豆腐，燜 3 分鐘，下鹽即可。

食用 每天 1 劑，1 次食完，連食 3~5 天。

豆腐

索引

餐桌上的中藥

藥食同源　防病抗病

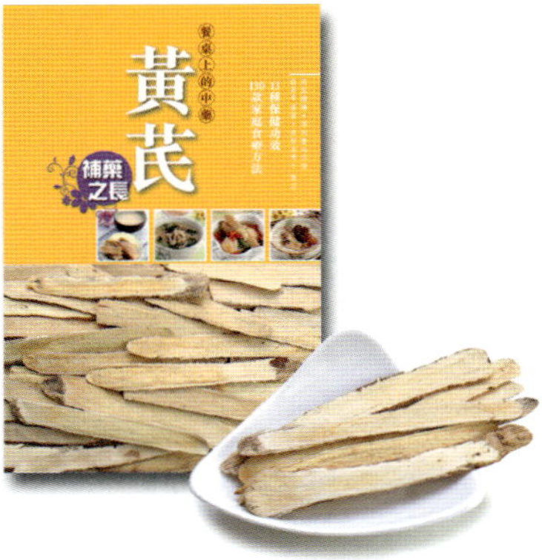

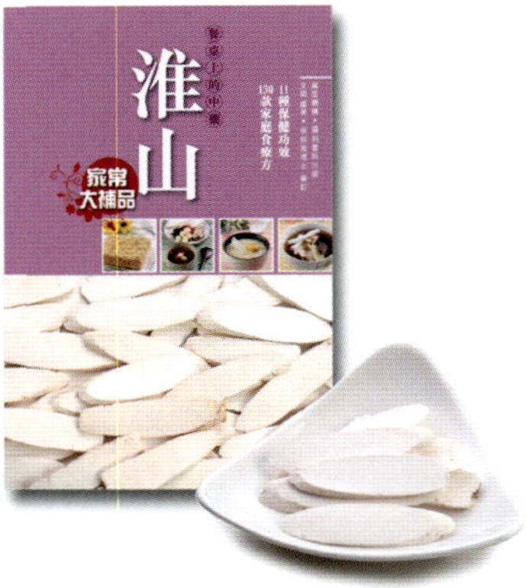

新書陸續出版